Die große Bertelsmann Enzyklopädie des Wissens

DIE ZEIT DER ÄGYPTER UND GRIECHEN

Von den Pharaonen bis zu Alexander dem Großen

BERTELSMANN LEXIKON VERLAG

Die große
Bertelsmann
Enzyklopädie
des Wissens

Herausgegeben von
Pierre Marchand

Texte:
Christophe Barbotin,
Jean-Luc Bovot,
Elizabeth Delange,
Martine Denoyelle,
Sophie Descamps, Diane
Harle, Geneviève Pierrat,
Danièle Ros, Denise
Vernerey

Illustrationen:
Philippe Biard, Jean-
Philippe Chabot, Gilbert
Houbre, agence Illibil,
Christian Jégou, Jean-
Pierre Lange, Christian
Maucler, Daniel
Moignot, Jean-Pierre
Moreau, Sylvaine Pérols,
Jame's Prunier, Etienne
Souppart, Nicolas Wintz

Farbige Balken oben
auf jeder Seite ordnen
jedes Thema einem
Wissensgebiet zu:

Geschichte

Natur

Wissenschaft und Technik

Kunst

Literatur

© Publications internationales pour la
jeunesse Gallimard-Larousse 1991
© Gallimard Jeunesse 1991 (Seiten 1–4,
Register, Abbildungsnachweis)
Alle Rechte der deutschen Ausgabe
© Bertelsmann Lexikon Verlag GmbH,
Gütersloh/München 1992
Satz: Numberger, München
Druck und Bindung:
Mohndruck Graphische Betriebe GmbH,
Gütersloh
Printed in Germany
ISBN 3-570-08633-X

Titel der französischen
Originalausgabe:
L'Egypte et la Grèce
antique
Aus dem Französischen
von Rudolf Ernst
Redaktion der deutschen
Ausgabe: Sibylle Auer
Umschlaggestaltung:
Studio Schübel, München
Herstellung:
Günter Hauptmann,
Gerhard Rost

INHALT

Das Land am Nil

STATUETTE EINER TÄNZERIN, eine der ältesten ägyptischen Skulpturen.

Beim Wort »Ägypten« denken wir an die Pyramiden, an den heiligen Fluß Nil und an die steinernen Pharaonengesichter in den Museen. Aber was für Menschen waren eigentlich die Ägypter? Wie war ihre Gesellschaft aufgebaut, wie sah ihr Leben aus? Über welche wissenschaftlichen und technischen Kenntnisse verfügten sie? Woran glaubten sie? Entdecken wir zusammen die Kultur der Ägypter.

DIE PYRAMIDE DES KÖNIGS DJOSER liegt bei **Saqqara,** einer der wichtigsten archäologischen Fundstätten in Ägypten. Sie ist die älteste Pyramide Ägyptens und wurde um 2600 v. Chr. erbaut.

BOOT AUS DEM 20. ODER 19. JH. V. CHR.

Verzierungen auf Gegenständen (die hier abgebildeten entstanden um 3600 v. Chr.) geben uns Aufschluß über die Welt, in der die Ägypter lebten.

Elefanten und Giraffen lebten in der Savanne. Sie verschwanden, als das Klima trockener wurde.

Krokodile lauerten in den Fluten des Nils.

Ägypten und der Nil

Etwa 3600 Jahre vor unserer Zeitrechnung: Wir befinden uns in dem kleinen Tal von Hierakonpolis in Südägypten. Von hier stammten die ersten Pharaonen.

Zu jener Zeit fiel im Winter viel Regen. So entstand eine Savannenlandschaft. An einem Nebenfluß des Nils lebten Menschen, zumindest während der Regenzeit: Amerikanische Archäologen entdeckten einfache Hütten. Vielleicht handelt es sich um ein Lager, das nur während der Regenzeit benutzt wurde. Wie ihre Vorfahren waren diese Menschen Sammler und Jäger, betrieben aber auch Viehzucht: Sie hielten Ziegen, Schafe, Esel und Schweine. Auf ihren Feldern gediehen Weizen, Gerste, Flachs und Gemüse.

In der Pharaonenzeit verringerten sich die Niederschläge. Das Klima wurde trocken, die Wüste breitete sich aus wie heute die Sahara. Nur an den Ufern des Nils war Landwirtschaft möglich. Man benutzte eine sehr alte Bewässerungstechnik: Bei Hochwasser wurde das Wasser durch ein dichtes Netz von Bewässerungsgräben über die Felder verteilt.

Ägypten liegt im äußersten Nordosten des afrikanischen Kontinents. Lebensgrundlage ist das Wasser des Nils, der das Land von Süden nach Norden durchströmt. Er wird aus Quellen im Gebirge Äthiopiens (»Blauer Nil«) und aus den großen Seen Äquatorialafrikas (»Weißer Nil«) gespeist und mündet in zahlreichen Armen ins Mittelmeer. Dieses Mündungsgebiet – das Delta – ist die fruchtbarste Region; man nennt sie auch Unterägypten. Im Westen erstrecken sich Wüstenebenen bis nach Libyen; im Osten fallen unfruchtbare Hänge zum Roten Meer ab.

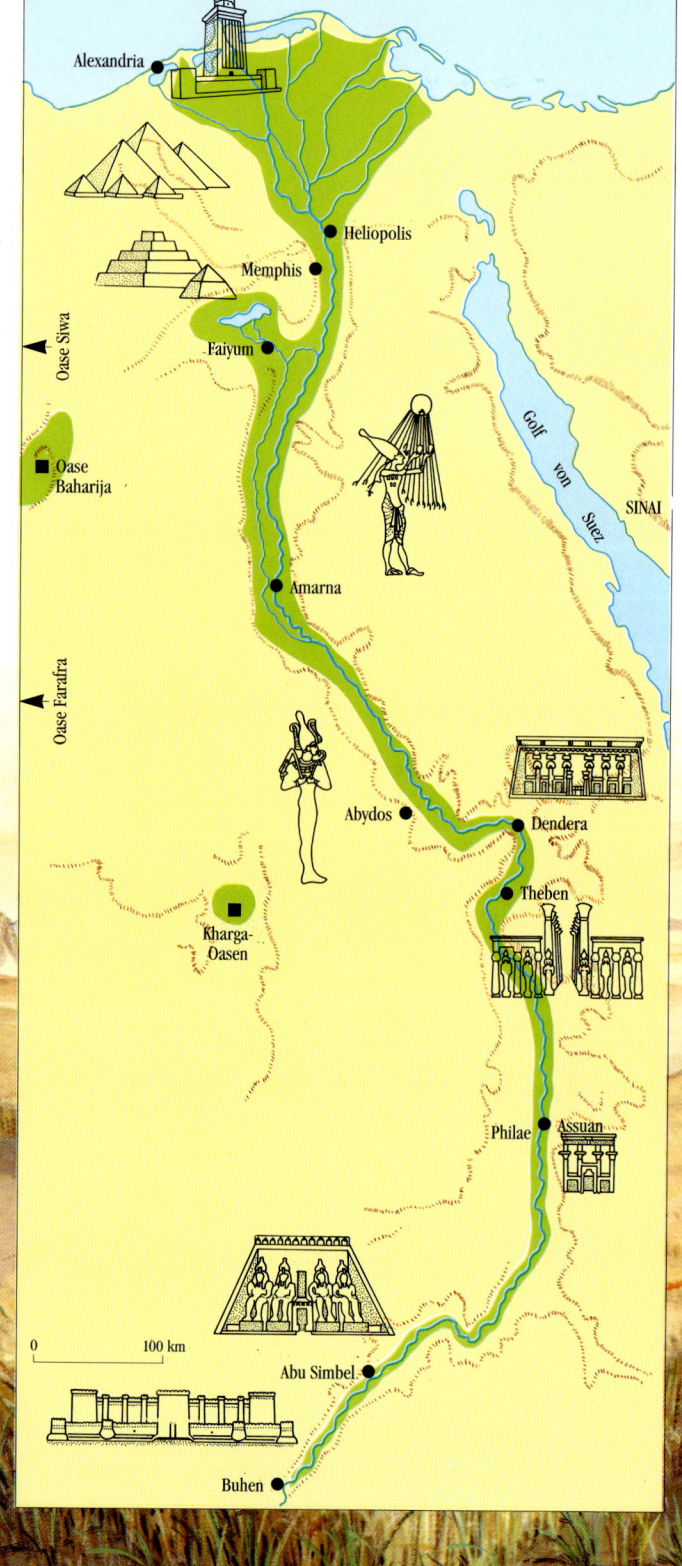

MITTELMEER

Alexandria

Heliopolis
Memphis

Oase Siwa

Faiyum

Oase Baharija

Golf von Suez

SINAI

Amarna

Oase Farafra

Abydos

Dendera

Theben

Kharga-Oasen

Philae
Assuan

0   100 km

Abu Simbel

Buhen

DIE ERSTEN PHARAONEN

Unter dem Tempel von **Hierakonpolis** hat man im Jahr 1899 zwei bemerkenswerte Skulpturen entdeckt: eine Keule und eine Schminkpalette. Beide kamen am Ende der Vorgeschichte häufig vor. Doch diese beiden Gegenstände sind ungewöhnlich groß und mit Flachreliefs geschmückt, die einen wie die Pharaonen gekleideten und gekrönten Mann darstellen: In Hieroglyphen (das sind Zeichen einer sehr alten Bilderschrift) stehen zwei Namen darauf: König »Skorpion« und König »Narmer«. Die Palette mit dem Namen des letzteren wird »Schminkpalette des Königs Narmer« genannt. Beide Gegenstände gehören zu den berühmtesten der Ägyptologie: Sie stammen aus der Zeit der ersten Pharaonen um 3000 v. Chr.

Ägypten vor den Pharaonen

Gegen Ende des 19. Jahrhunderts entdeckte der englische Archäologe Sir Flinders Petrie in Negade bei Luxor ein großes Gräberfeld. In den aus einfachen Gruben bestehenden Grabstätten fand er Töpferwaren, die sich von den vorher in Ägypten entdeckten stark unterschieden. Ein anderer Wissenschaftler, Jacques de Morgan, kam zu dem Schluß, daß es sich um Spuren einer Kultur handelte, die älter war als die der Zeit der ersten Pharaonen. Diese »Negade-Kultur«, auch »prädynastische Kultur« genannt, markiert das Ende der Vorgeschichte in Ägypten.

Moderne chemische Verfahren erlauben eine noch genauere Datierung. Heute nimmt man an, daß die Negade-Kultur, die man ursprünglich in die Zeit zwischen 4000 und 3000 v. Chr. datierte, noch älter ist! Petrie entwickelte eine bis heute gültige Datierungsmethode, mit der man archäologische Funde, auch wenn ihr genaues Alter unbekannt ist, im Vergleich zueinander zeitlich einordnen kann.

Die in dem Gräberfeld von **Negade** gefundenen Töpferwaren gehören zwei verschiedenen Stilrichtungen an.

Die Gründe dafür sind aber noch nicht bekannt.

Die ältesten Tongefäße (sie sind nach der Klassifizierung von **Sir Flinders Petrie** der ersten Negade-Periode zuzuordnen) haben eine rote, glänzende Oberfläche. Sie sind mit weißen, geometrischen Mustern verziert.

Die Gefäße der zweiten Negade-Periode sind hellbeige und tragen dunkelrote Muster, die Spiralen und Boote darstellen.

7

Korrespondenz von **Amenophis IV.** und die an einer Mauer des Tempels von **Abydos** gefundene Liste der ägyptischen Pharaonen – sind für unsere Kenntnis der altägyptischen Geschichte wertvolle

Offizielle Texte – hier die »Annalen« von **Thutmosis III.** in **Karnak,** die von den siebzehn Kriegen des Königs berichten, die diplomatische

Quellen. Hieroglyphen auf **Papyrus** (dem »Papier« der Ägypter) geben uns Aufschluß über das tägliche Leben des Volkes und der Könige.

Pharao, der König von Ägypten

Im Lauf von 3000 Jahren bestimmten 31 Herrscherdynastien die Geschicke Ägyptens – dies berichtet Manetho, ein ägyptischer Geschichtsschreiber, der um 280 v. Chr. lebte. Die moderne Geschichtsschreibung hat diese in mehrere Epochen untergliederte Einteilung übernommen: Das Alte Reich (etwa 3000–2200 v. Chr.), das Mittlere Reich (etwa 2050–1750 v. Chr.), das Neue Reich (etwa 1550–1100 v. Chr.) und die Spätzeit (715–332 v. Chr.).

S eit den ersten Dynastien – Menes ist der erste von den ägyptischen Geschichtsschreibern erwähnte Pharao – war der Pharao der »Vereiniger der beiden Länder« (Südägypten und Nildelta). Er war der oberste Priester und stand als einziger in direkter Beziehung mit den Göttern. Diese übertrugen ihm ihre Macht, die ihn auf ewig zum Sieger über die Feinde Ägyptens machte. Er war göttergleich, galt als die Verkörperung des Falkengottes Horus und wurde von seinen Untertanen tief verehrt.

Der Pharao war »**König der Biene und des Schilfrohrs**«. Dies waren die Symbole des Nordens und des Südens.

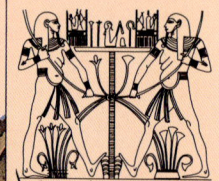

Das Wort »**Pharao**« kommt von dem ägyptischen Wort *Per'o* (»**großes Haus**«), dem Titel der altägyptischen Könige.

Geier und **Kobra** waren die Symbole der beiden Schutzgöttinnen des Reiches. Beschützerin des Südens war **Nelchbet**, Göttin des Nordens **Uadjet**.

DIE SYMBOLE DES KÖNIGTUMS
Bei seiner Krönung empfing der Pharao die Insignien seiner Macht. Das Feld mit seinem Namen ist von einem Falken gekrönt; dies weist ihn als Verkörperung des Gottes **Horus** auf Erden aus.

Die Rituale der Krönung des Herrschers wurden während seiner Regierungszeit in den »Jubiläumsjahren« wiederholt. Dies sollte seine religiösen und magischen Kräfte stärken. Er trug eine doppelte Krone, den »pschent«: rot für den Norden und weiß für den Süden.

Lilie und **Papyrusstaude** symbolisierten, ineinander verschlungen, die Einheit der beiden Teile Ägyptens. Die Macht des Königs war religiöser Natur; bei der Deutung der Darstellungen auf Tempelmauern ist deshalb Vorsicht geboten. Auf dem Bild links metzelt der Pharao seine Feinde nieder. Wenngleich mit den Namen fremder Städte beschriftet, stellt die Szene wohl eher eine sehr alte symbolische Handlung als eine Kriegsszene dar.

KRUMMSTAB UND GEISSEL des Pharaos waren Zeichen seiner Macht. Sie waren auch das Symbol für den Gott **Osiris**, welcher der Sage nach über Ägypten herrschte, ehe er Herr des Totenreichs wurde. Nach seinem Tode verwandelte sich der Pharao in Osiris.

Im Rückblick erscheint uns die Kultur des alten Ägypten wie ein zusammenhängendes Ganzes. 3000 Jahre Geschichte umfassen jedoch eine eindrucksvolle Folge von historischen Ereignissen sowie eine ständige Entwicklung der Gesellschaft. Die Ägypter aus der Zeit Ramses' II. (um 1250 v. Chr.) unterschieden sich in ihrem Denken und ihrer Lebensart stark von ihren Vorfahren aus der Zeit des Pharaos Cheops, der 1300 Jahre früher lebte! Am besten läßt sich diese Veränderung an Kleidungs- und Schmuckstücken ablesen. Die komplizierten und überladenen Geschmeide aus dem Schatz von Tutanchamun (um 1340 v. Chr.) zum Beispiel sehen ganz anders aus als die einfachen, zarten Schmuckstücke aus dem Alten und Mittleren Reich.

SCHMUCKSTÜCKE
Ganz oben ein Geschmeide eines der ersten Könige: Die Falkengottmotive sind aus Gold und Türkis gefertigt.

Eine Familie aus dem Alten Reich (oben), ein in einen großen Mantel gehüllter Mann aus dem Mittleren Reich (rechts), und ein elegantes Paar aus dem Neuen Reich (unten).

In der Mitte ein Halsschmuck aus dem Mittleren Reich. Die kleinen mit Edelsteinen eingelegten Metallplättchen waren Glücksbringer. Unten ein Schmuckstück aus Gold und Edelsteinen aus dem Grab Tutanchamuns. Der **Skarabäus,** das Tier des Sonnengottes, stützt die Barke, in dem das Tagesgestirn seine Himmelsbahn zieht.

Bestattungsriten im Alten Reich

Während Pharaonen in Pyramiden beigesetzt wurden, bestattete man hochgestellte Personen wie Höflinge, Vertraute des Königs oder hohe Beamte in Gräbern, die um die Pyramiden herum gebaut wurden und wie Häuser aussahen. Sie heißen »Mastaba« (arabisch für »Bank«), denn sie haben dieselbe Form wie die Bänke, die man noch heute vor ägyptischen Häusern findet.

Die Mastaba war einstöckig. Eine unterirdische Grabkammer barg den Sarg und die Möbel des Verstorbenen; im oberen Teil gab es einen Kultraum und eine fensterlose Kammer (»Serdab«), in der Statuen des Verstorbenen standen. Die Mastaba ermöglichte ein Leben nach dem Tod – eine der wichtigsten Glaubensvorstellungen der Ägypter. Für sie war das Jenseits eine Welt, in der man genau wie auf der Erdenwelt lebte. Um das Aussehen des Verstorbenen für die Ewigkeit zu bewahren, wurde sein Körper mumifiziert. Manchmal wurde für die Erhaltung des Gesichts auch ein »Reservekopf« in den Kalkstein gehauen. Durch eine Öffnung ließ man die in einen Steinsarkophag gebettete Mumie in die Grabkammer hinab. Eingeweide wie Leber und Herz kamen in eigene Gefäße, die »Kanopen«. Die Räume des Obergeschosses sollten dem Toten die Nahrungsaufnahme und die Rückkehr zu den Lebenden ermöglichen: Durch eine Scheintür, den Durchgang zwischen den Welten der Lebenden und der Toten, konnte die Seele des Verstorbenen (»Ka«) hinaustreten. In den Kultraum brachten Priester und Angehörige des Verstorbenen echte Lebensmittel oder Nahrung, die bildlich, durch Gemälde oder Skulpturen, dargestellt war.

TRUHE
Wie bei den Lebenden dienten Truhen zur Aufbewahrung von Gebrauchsgegenständen.

NACKENSTÜTZE
Die Ägypter benutzten sie an Stelle eines Kopfkissens. Sie hielt den Kopf des Toten.

WASSERKANNEN UND WASSERBECKEN aus Metall oder Ton für die »Körperpflege« des Verstorbenen.

DIE GRÄBER DER WÜRDENTRÄGER ÄGYPTENS
Sechemnefer III., dessen Mastaba wir hier sehen, war **Wesir** (Vertrauter des Pharaos und

eine Art oberster Minister) des Alten Reichs in **Gizeh**. Die Zeichnung zeigt den Kultraum, den mit einem Portikus versehenen Eingang und den zu den »Serdabs« führenden Korridor. Im Untergeschoß die Grabkammer mit dem **Sarkophag**, die Grube für die Kanopenkrüge mit den Eingeweiden sowie der Schacht, der nach der Bestattung sorgfältig verschlossen wurde.

Die Ostwand des Kultraums ist mit zwei Scheintüren, die den Durchgang von der Welt der Toten zur Welt der Lebenden bilden, sowie Bildern und Texten geschmückt. Hauptmotiv ist das Totengelage vor dem Opfertisch. Der Verstorbene ist auf seinem Stuhl sitzend dargestellt; die links stehende Frau ist seine Mutter. Auf der steinernen Opfertafel sind Lebensmittel und wichtige Gegenstände – Brot, die Liegematte, Gefäße und die Kanne für das Wasseropfer – symbolisch dargestellt.

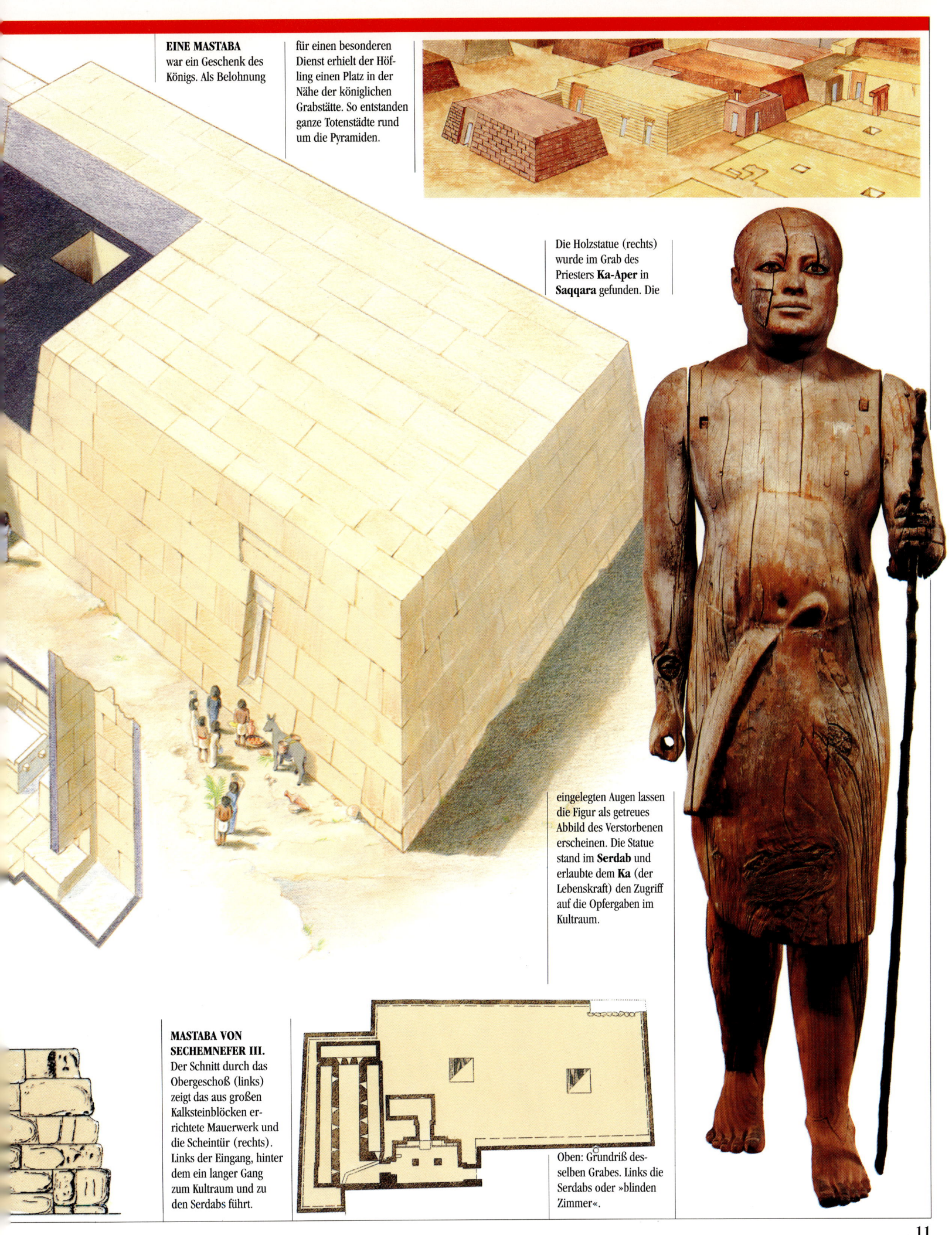

EINE MASTABA
war ein Geschenk des Königs. Als Belohnung für einen besonderen Dienst erhielt der Höfling einen Platz in der Nähe der königlichen Grabstätte. So entstanden ganze Totenstädte rund um die Pyramiden.

Die Holzstatue (rechts) wurde im Grab des Priesters **Ka-Aper** in **Saqqara** gefunden. Die eingelegten Augen lassen die Figur als getreues Abbild des Verstorbenen erscheinen. Die Statue stand im **Serdab** und erlaubte dem **Ka** (der Lebenskraft) den Zugriff auf die Opfergaben im Kultraum.

MASTABA VON SECHEMNEFER III.
Der Schnitt durch das Obergeschoß (links) zeigt das aus großen Kalksteinblöcken errichtete Mauerwerk und die Scheintür (rechts). Links der Eingang, hinter dem ein langer Gang zum Kultraum und zu den Serdabs führt.

Oben: Grundriß desselben Grabes. Links die Serdabs oder »blinden Zimmer«.

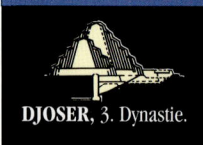

DJOSER, 3. Dynastie.

SNOFRU, 4. Dynastie (»Knickpyramide«).

SNOFRU, 4. Dynastie (»Rote Pyramide«).

CHEPHREN, 4. Dynastie.

MYKERINOS, 4. Dynastie.

UNAS, 5. Dynastie.

Zwischen dem Alten und dem Mittleren Reich wurden die Pyramiden immer »pyramidenförmiger«. Die Ausmaße wurden kleiner, die Anlage der inneren Gänge immer komplizierter.

WERKZEUGE
Erbaut wurden die Pyramiden mit Werkzeugen aus Stein (**Bohrer** und **Schleifwerkzeuge**), Kupfer (**Beile** und **Meißel**) und Holz (**Hämmer** und **Transportschlitten**).

Der Bau der Pyramiden

Die Pyramiden wurden mit einfachen Werkzeugen gebaut. Die Baustelle war jedoch bestens organisiert. Die aus riesigen Quadern errichteten Pyramiden enthielten ein kompliziertes Netzwerk von Gängen (in denen sich Diebe verirren sollten) und Kammern. Erbaut wurden die Pyramiden auf einem Felsplateau über dem Nil.

DIE PYRAMIDE DES KÖNIGS DJOSER wurde in mehreren Schritten errichtet. Über der ursprünglichen **Mastaba** erheben sich die sieben Stufen der Pyramide. Mit jeder Stufe vergrößerte sich die Oberfläche des Bauwerks. Um den für die Beisetzung des Königs vorgesehenen Schacht rankt sich ein verwirrendes Netzwerk von Gängen.

Hunderte von Trägern schleppten auf Transportschlitten Steine vom Hafen zum Bauplatz – jahrelang. Um die Blöcke nach oben schaffen zu können, baute man Rampen, die man nach Fertigstellung der Pyramide wieder entfernte.

Die riesige Grabanlage des Königs Djoser ist in Ägypten einmalig: Befestigungsmauern umschließen Tempel und »Häuser«, Kulträume (für die Jubiläen des Königs), Altäre und Kammern für Kultgegenstände. Südlich der Mauer barg ein zweites Grab möglicherweise die **Kanopen** mit den Eingeweiden des Königs.

Das Jahr in Ägypten

Das Jahr im alten Ägypten hatte 360 Tage und war in drei Jahreszeiten unterteilt: »akhet« (Jahreszeit des Hochwassers), »peret« (Winter) und »chemu« (Sommer). Jahreszeiten wie Frühling und Herbst gab es nicht. Während des Nilhochwassers nahmen die Felder vier Monate lang Wasser und fruchtbaren Schlamm auf. Im Nil gab es die verschiedensten Fische, in den Sümpfen eine Vielzahl von Vögeln.

DIE ARBEITS-SCHRITTE DES GETREIDEANBAUS
Von unten nach oben: **Pflügen, Ernte, Transport** und **Dreschen**.

FELDBESTELLUNG
Der Bauer bearbeitet die Erde mit einem hölzernen, von zwei Ochsen gezogenen **Pflug**.

An den Ufern bestellten Bauern die Felder: Weizen und Gerste dienten zur Brot- und Bierbereitung, Flachs zur Herstellung von Stoffen (damals gab es in Ägypten noch keine Baumwolle).
Obstbäume gab es reichlich. In den Obstgärten wuchsen Dattelpalmen, Feigen- und Granatapfelbäume sowie Weinstöcke. Wie in allen Mittelmeerländern wurde auch in Ägypten viel Gemüse angebaut.

Wie auf dem Fresko oben zu sehen ist, züchteten die alten Ägypter verschiedene Arten von Gänsen.

Diese Gans aus Kalkstein (links) ist lebensgroß.

GEMÜSE UND FRÜCHTE
Lese und Keltern des **Weins** (oben).

Der **Granatapfel** wächst auf dem Granatapfelbaum. Er schmeckt leicht säuerlich und ist so groß wie ein normaler Apfel.

Bei **Festmählern** (links) bogen sich die Tische unter den verschiedensten Lebensmitteln wie Fleisch, Gemüse und Früchten. Dazu gab es Wein.

15

Seit etwa 3500 v. Chr. finden sich auf Tongefäßen auch Darstellungen von Schiffen. Diese hölzernen Ruderboote trugen geschmückte Kabinen. Manche Experten glauben allerdings, daß diese Zeichnungen eher Kultbauten auf Pfählen darstellen.

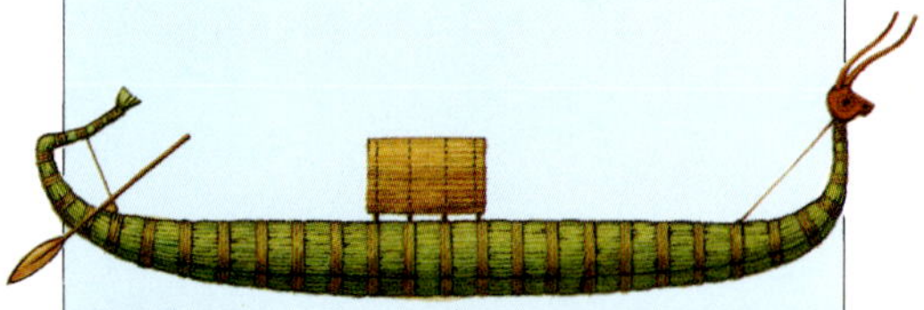

Schiffahrt auf dem Nil

Handel, religiöse Feste, Bestattungen, Soldatentransporte – in vielen Bereichen war die Nilschifffahrt von großer Bedeutung und bestimmte den Lebensrhythmus. Die Schiffe waren mit großen Segeln und langen Riemen ausgerüstet. Auch das Mittelmeer und das Rote Meer wurden befahren.

Auf diesem Schiffsmodell aus bemaltem Holz sieht man Matrosen beim Hissen der Segel.

BOOT AUS PAPYRUSBÜNDELN (Prädynastische Zeit, vor 3100 v. Chr.) Zwei Ruder dienten zur Steuerung.

KÖNIGSBARKE aus Holz; Frühzeit (um 3000 v. Chr.). Auf der Brücke sind ein Podest und der Falke, das Zeichen des Pharaos, zu erkennen.

HOCHSEEBOOT des Alten Reichs (ab 2700 v. Chr.). Es ist aus Holz und Tauwerk. Der Mast hatte ein Gelenk und konnte umgelegt werden.

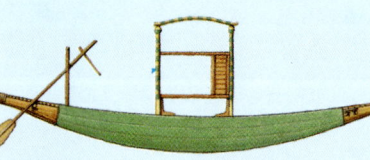

HÖLZERNE PILGERBARKE (Altes Reich) mit Steuerruder. Bug und Heck hatten die Form von **Papyruswedeln.**

TRANSPORTBOOT aus Holz (Ende des Alten Reichs); der Mast war umklappbar. Großes Segel; kräftiges Tauwerk.

An der Südseite der **Cheopspyramide** in Gizeh wurden im Jahr 1954 in vorher noch nicht untersuchten Gruben zwei zerlegte **Schiffe** gefunden. Eines davon, das wohl dem Pharao

gehörte, wurde sorgfältig zusammengesetzt und dann ausgestellt.

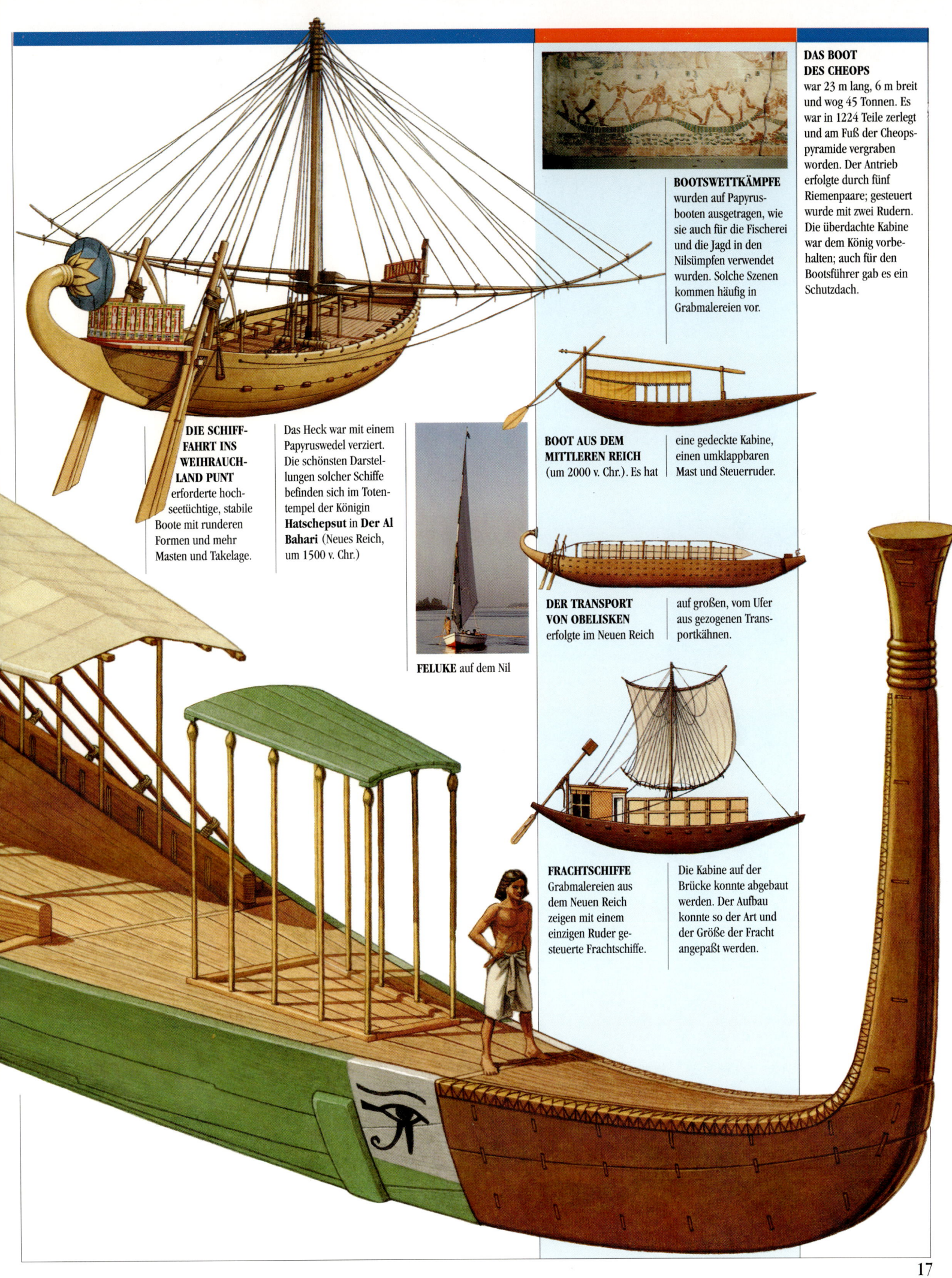

**DIE SCHIFF-
FAHRT INS
WEIHRAUCH-
LAND PUNT**
erforderte hoch-
seetüchtige, stabile
Boote mit runderen
Formen und mehr
Masten und Takelage.

Das Heck war mit einem
Papyruswedel verziert.
Die schönsten Darstel-
lungen solcher Schiffe
befinden sich im Toten-
tempel der Königin
Hatschepsut in **Der Al
Bahari** (Neues Reich,
um 1500 v. Chr.)

FELUKE auf dem Nil

BOOTSWETTKÄMPFE
wurden auf Papyrus-
booten ausgetragen, wie
sie auch für die Fischerei
und die Jagd in den
Nilsümpfen verwendet
wurden. Solche Szenen
kommen häufig in
Grabmalereien vor.

**BOOT AUS DEM
MITTLEREN REICH**
(um 2000 v. Chr.). Es hat
eine gedeckte Kabine,
einen umklappbaren
Mast und Steuerruder.

**DER TRANSPORT
VON OBELISKEN**
erfolgte im Neuen Reich
auf großen, vom Ufer
aus gezogenen Trans-
portkähnen.

FRACHTSCHIFFE
Grabmalereien aus
dem Neuen Reich
zeigen mit einem
einzigen Ruder ge-
steuerte Frachtschiffe.
Die Kabine auf der
Brücke konnte abgebaut
werden. Der Aufbau
konnte so der Art und
der Größe der Fracht
angepaßt werden.

**DAS BOOT
DES CHEOPS**
war 23 m lang, 6 m breit
und wog 45 Tonnen. Es
war in 1224 Teile zerlegt
und am Fuß der Cheops-
pyramide vergraben
worden. Der Antrieb
erfolgte durch fünf
Riemenpaare; gesteuert
wurde mit zwei Rudern.
Die überdachte Kabine
war dem König vorbe-
halten; auch für den
Bootsführer gab es ein
Schutzdach.

Das Leben der Gutsbesitzer

Um 2000 v. Chr. lebten in der Provinz Oryx mächtige Gutsbesitzer. Sie besaßen mit Getreide gefüllte Speicher, große Viehherden und zahlreiche Diener. Schreiber halfen ihnen bei der Verwaltung.

VERGNÜGUNGSBARKE aus bemaltem Holz.

Bei den hohen Temperaturen bot eine Fahrt auf dem Nil willkommene Erfrischung. Aus seiner Kabine am hinteren Ende des Bootes konnte der Herr seine fleißigen Ruderer beobachten. Nilabwärts war kein Segel notwendig: die Riemen genügten.

TUTANCHAMUN AUF DER JAGD
Der Pharao steht auf einem Nachen aus Papyrus. Wahrscheinlich zielt er mit seiner Harpune auf ein Nilpferd.

JAGD MIT PFEIL UND BOGEN in einem Grab bei **Beni Hassan**.

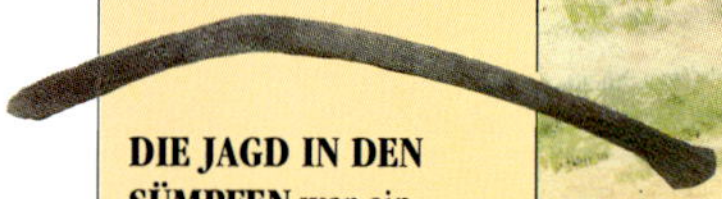

DIE JAGD IN DEN SÜMPFEN war ein Sport, aber auch eine Prüfung, die man bestehen mußte, um ins Jenseits eingehen zu können. Das ist der Grund, weshalb der Verstorbene mit seiner ganzen Familie auf der Jagd dargestellt ist. Mit **Wurfhölzern** wurden Vögel erlegt, die sich in den hohen Papyrusstauden verbargen. Die Ägypter glaubten, daß diese Tiere Unglück brachten.

ALLTAG AUF DEM LANDGUT
In der nahen Wüste konnte der Gutsbesitzer **Gazellen, Antilopen** oder **Hyänen** jagen. Meist zog er es aber vor, in der Kühle seines umfriedeten Gartens zuzusehen, wie sich Jungen im Ringkampf maßen und Mädchen mit Bällen spielten.

DIE DYNASTIEN

Die Entstehung der Schrift und die Anfänge der Kunst des Flachreliefs gingen den ersten beiden Pharaonendynastien voraus. Sie werden **thinitische** Dynastien genannt. Ihre Residenz war **Abydos** in Oberägypten.

AM ENDE DES ALTEN REICHS, während der 5. und 6. Dynastie, verloren die Könige ihre Macht. Sie lag nun bei den hohen Beamten – man sieht dies an der Pracht ihrer reich geschmückten Gräber.

DIE HYKSOS, ein fremdes Volk aus dem Nordosten, eroberten Ägypten; die Fürsten der 18. Dynastie (Residenz: Theben) verjagten sie und stellten die Einheit des Landes wieder her.

3000 v. Chr.

FRÜHZEIT

2700 v. Chr.

DAS ALTE REICH

begann mit **Djoser,** dem ersten König der 3. Dynastie. Hauptstadt war **Memphis.** Anfänge des Pyramidenbaus mit den Großpyramiden der Pharaonen **Cheops, Chephren** und **Mykerinos** in Gizeh.

ALTES REICH

2200 v. Chr.

DAS MITTLERE REICH

begann mit der 11. Dynastie, die das Land wieder einte und **Theben** zur Hauptstadt machte. **Sesostris** und **Amenemhet,** zwei Pharaonen der 12. Dynastie, eroberten **Nubien.**

MITTLERES REICH

2000 v. Chr.

1785 v. Chr.

1580 v. Chr.

Die ägyptische Geschichte wurde von Menschen geprägt, deren Gesichter wir von Statuen und Reliefs kennen. Auch bestimmte Ereignisse sind überliefert, so die Schlacht von Qadesch durch den Bericht Ramses' II.. Wie wir uns an Karl den Großen und Friedrich Barbarossa erinnnern, so machten auch die Ägypter aus ihren großen Königen (wie Sesostris III.) Sagengestalten. Die Mumien einiger dieser Herrscher sind in einem Versteck gefunden worden, wo sie hingebracht worden waren, um sie vor Grabräubern zu schützen.

DER HORUS-FALKE war ein wichtiges Schmuckmotiv in königlichen Bauten. Die Paläste sind heute zerstört. Nur die im Grab von Tutanchamun (18. Dynastie) unversehrt entdeckten Gegenstände lassen die luxuriöse Ausstattung erahnen.

DIE PHARAONEN DER 18. DYNASTIE

hießen **Amenophis** oder **Thutmosis.** Sie drangen bis zum Euphrat vor. **Hatschepsut,** eine Königin, war 22 Jahre lang Alleinherrscherin.

DIE KÖNIGE VON TANIS,

der neuen Hauptstadt im Nildelta, wurden von Dynastien libyscher Herkunft verdrängt. Dann wurde Ägypten nacheinander von den **Sudanesen,** den **Assyrern** und schießlich den **Persern** erobert.

332 v. Chr.

KLEOPATRA VII., die letzte Königin aus der Dynastie der **Ptolemäer,** wurde 30 v. Chr. von den Römern unter Octavian besiegt. Ägypten wurde eine Provinz des römischen Reichs. Das war das Ende der Pharaonen.

1580 v. Chr.

NEUES REICH

1300 v. Chr.

RAMSES

Die Könige der 19. und 20. Dynastie hießen fast alle Ramses. **Sethos I.,** sein Sohn **Ramses II.** und später **Ramses III.** ließen große und schöne, noch heute gut erhaltene Tempel bauen.

1080 v. Chr.

SPÄTZEIT

ALEXANDER, König von Makedonien, eroberte im Jahr 332 v. Chr. das Perserreich und gewann Ägypten. Nach seinem Tod gründete **Ptolemaios,** einer seiner Generale, eine Pharaonendynastie, die Ägypten dem Einfluß der griechischen Kultur öffnete.

GRIECHISCHE ZEIT

30 v. Chr.

RÖMISCHE ZEIT

Religion und Leben der alten Ägypter

Dieser Mann hält das Zeichen des Gottes **Amun** in Händen.

Jedes Jahr bewundern Tausende von Touristen die noch erhaltenen Baudenkmäler des alten Ägypten. Die mächtigen steinernen Tempel, die Memnonkolosse (Zeichnung oben), die den Eingang eines heute nicht mehr vorhandenen Tempels bewachen, und die reichgeschmückten Gräber waren Ausdruck der Götterverehrung der alten Ägypter und ihres Glaubens an ein Leben nach dem Tod. Nur wenige ihrer aus Lehmziegeln gefertigten Bauten – Häuser oder Paläste – haben indes die Zeit überdauert.

Der von **Ramses II.** erbaute Tempel von **Wadi As Sebua** südlich von **Assuan**.

Oben: Eine Beduinenge-sandtschaft überbringt **Chnumhetep,** dem Verwalter der östlichen Wüste, als Geschenk schwarze Schminke (»**Kohl**«).

Die Fotografie unten zeigt den Eingang zum Tempel König **Ramses' III.** Er ist wie eine Festung gebaut.

Die **Prinzessin** hat die Gesichtszüge einer dunkelhäutigen Frau.

Ägypten und seine Nachbarn

Die Fruchtbarkeit und der Reichtum des Niltals erregten die Gier benachbarter Völker. Um sich vor feindlichen Überfällen zu schützen, eroberten die Ägypter während des Mittleren Reichs das südlich gelegene Nubien und bauten dort eine Befestigungslinie. Im Norden besetzten die durch die Wüste Sinai aus Kanaan gekommenen Hyksos zwei Jahrhunderte lang Unterägypten (etwa 1650–1580 v. Chr.). Zur Zeit des Neuen Reichs machten sich die Ägypter nach der Vertreibung der Hyksos an die Eroberung der benachbarten Länder, die sie bis zum Untergang des Reichs beherrschten.

DIE FESTUNG BUHEN in **Nubien** (unten eine Rekonstruktion) wurde um 1965 v. Chr. aus ungebrannten Ziegeln erbaut. Die Außenmauer war 500 m lang und 200 m breit. Die Mauern waren mindestens 11 m hoch und fast 5 m dick.

NUBISCHE BOGENSCHÜTZEN

Die vierzig hölzernen, bemalten Figuren sind verblüffend naturgetreu gestaltet. Daß es sich um nubische Bogenschützen handelt, ist an ihren bunten Lendenschurzen erkennbar. Die Gruppe stammt aus dem Grab eines Fürsten von **Assiut** (um 2000 v. Chr.). Die Gaufürsten erfreuten sich großer Unabhängigkeit und hatten eigene Truppen. Später gab es immer mehr ausländische Soldaten im ägyptischen Heer.

LIBYSCHER KRIEGER mit langem Zopf.

PHILISTER-KRIEGER aus Palästina.

SUDANESISCHER KRIEGER

SYRISCHER KRIEGER mit Spitzbart.

HETHITISCHER KRIEGER. Er ist an seiner langen Haartracht erkennbar. Die Hethiter lebten in der heutigen Türkei. Während die Form der fremdländischen Kleidungsstücke recht wirklichkeitsgetreu dargestellt ist, wurden Muster und Farben übertrieben, um das Auge des Betrachters zu erfreuen.

Diese **Kacheln** aus Steingut schmückten die Türschwellen einer Königsresidenz. Wenn der Pharao über sie hinwegschritt, konnte er sich in dem Gedanken wiegen, die Völker der Erde mit Füßen zu treten.

Weißgekleidete Syrer bringen dem Pharao reiche Geschenke.

Auch die Wüsten am Rande des Niltals waren bewohnt: dort lebten viehzüchtende Nomadenstämme – die Beduinen. In schwierigen Zeiten versuchten sie sich im Niltal niederzulassen.

Die Hebräer, ein in der Bibel beschriebenes Nomadenvolk, wanderten etwa im 12. Jahrhundert v. Chr. im Norden Ägyptens ein. Da sie dort zur Fronarbeit gezwungen wurden, flohen sie unter Führung von Moses um 1250 in das Gelobte Land (das heutige Palästina).

Ägypten war ein Handelszentrum und Durchgangsland, ein Treffpunkt von Diplomaten und Kaufleuten. Manchmal heirateten die Pharaonen ausländische Prinzessinnen von fernen Königshöfen, aus Asien oder Afrika.

DER TEMPEL RAMSES' III. Der Grundriß des Toten- tempels Ramses' III. in **Medinet Habu,** der als Verwaltungszentrum der Region **Theben** diente, veranschaulicht die Be- deutung der Lagerräume. Sie lagen zwischen dem eigentlichen Tempel und der Tempelmauer und sind an ihrer länglichen, gleichmäßigen Form zu erkennen.

Werkstätten und Lagerräume

Zur Pharaonenzeit bildeten große, heute nicht mehr erhaltene Steinbauten den Mittelpunkt ausgedehnter Landwirtschaftsgüter. Sie umfaßten Lagerräume und Werkstätten, in denen Bäcker, Brauer, Tischler, Töpfer und viele andere Handwerker für die Priester und die Tempelbeamten arbeiteten. Zahlreiche Schreiber überwachten Eingang und Abtransport der Waren.

Diese Frau bereitet ein Gemisch aus Gerste und Wasser, aus dem ein leichtes, von den Ägyptern sehr geschätztes **Bier** gebraut wurde.

Tischler beim Sägen, Hobeln und Reparieren.

Bäcker und **Brauer** bei der Brot- und Bierbereitung.

Nach der Registrierung der Anzahl der Säcke wird das **Korn** durch das Dach in die Scheune geschüttet.

EIN TEMPEL DES NEUEN REICHS
Wenige religiöse Bauten sind so gut erhalten wie der Tempel des Mondgottes **Chons** in **Karnak.** Das majestätische Portal ist von zwei großen Türmen oder »Pylonen« flankiert, die mit Fahnenmasten versehen waren. Den Hof säumen Säulen in Papyrusform. Hier hielt sich bei bestimmten Festen das Volk auf. Ein paar Stufen führen zu einem Saal mit einer von Säulen getragenen Decke (»**Hypostylos**«). Der nächste Raum war für das Zeremonienboot bestimmt, das bei großen Feierlichkeiten die Statue des Gottes trug. Ein dunkler, niedriger Raum am Ende der Anlage schließlich war das eigentliche Heiligtum des Gottes. Nur der Pharao oder sein Vertreter durften ihn betreten.

Bäcker beim **Teigkneten.** Brot (von dem es zahlreiche Arten gab) und Bier waren die Hauptnahrungsmittel.

25

ZEPTER
Diese Zepter von Göttern sind auch Zeichen in der Hieroglyphenschrift. Das Zepter mit dem Tierkopf (ein Windhund?) bedeutet »Wohlstand«, der Papyruswedel »frisch und kräftig sein«.

Der Knoten »tit« (links) ist das Symbol für **Isis**, der Pfeiler »dsched« (rechts) das für ihren Gemahl **Osiris**.

Der Gott **Re** trägt die Sonnenscheibe auf dem Kopf.

Die Götter Ägyptens

Die alten Ägypter hüteten sich davor, jedem Gott eine klare Rolle und Aufgabe zuzuschreiben und die Verbindungen der Götter untereinander genau festzulegen. Die ägyptischen Götter waren höhere Wesen und hatten schon vor den Menschen auf der Erde gelebt. Sie verfügten über eine für Menschen niemals erreichbare Machtfülle.

Einige Götter hatten allerdings klar umrissene Rollen: Thot war der Beschützer der Wissenschaft, Montu ein Kriegsgott. Einige galten als Schöpfer der Welt, so Atum, Ptah und Chnum. Im allgemeinen waren die Götter der Stadt zugeordnet, in der sich ihr Tempel befand. In Memphis stand das Heiligtum Ptahs, in Sais dasjenige von Neith. Manchmal hatte ein Gott Tempel in mehreren Städten. Montu zum Beispiel besaß in der Region von Theben vier. Manche, wie Amun, wurden als Beschützer der regierenden Dynastie im ganzen Land verehrt. Zum Tempel von Osiris, dem Gott des Totenreichs in Abydos, strömten aus ganz Ägypten Scharen von Pilgern, die auf ein ewiges Leben hofften.

AMULETTE
Amulette (Glücksbringer) waren bei den Ägyptern äußerst beliebt. Man trug sie als Schmuck oder legte sie zwischen die Mumienbinden. Symbole magischer Wörter oder Bilder von Göttern hatten, so glaubte man,

schützende Wirkung. So bedeutete das Auge, ein Hieroglyphenzeichen, »gesund sein«, das Henkelkreuz »leben« und der Skarabäus »werden, sich verändern«. Amulette konnten auch die Form von Göttersymbolen haben (wie die Säule »dsched«

des Osiris). Manche Ägypter trugen auch winzige Figürchen ihrer bevorzugten Götter bei sich.

NEITH

OSIRIS

NEFERTEM

SACHMET

PTAH

THOT

Sais

Busiris

Heliopolis

Memphis

Faiyum

Hermopolis

RE

SOBEK

DIE GÖTTER
Entlang des Nils, zwischen **Sais** und **Assuan**, begegnen wir den wichtigsten Göttern Ägyptens: **Neith** (in Sais) galt als Schöpferin der Welt. **Osiris**, der Gott der Vegetation, herrschte in **Busiris**. Als Herrscher des Totenreichs wurde er eine der bedeutend-sten Gottheiten des Landes. Der Sonnengott **Re** hatte seine Heimstatt in **Heliopolis**. Der Schöpfergott **Ptah** residierte in Gesellschaft seiner Gattin, der Löwin **Sachmet**, und seines Sohnes **Nefertem** in **Memphis**.

Thot, Erfinder der Schrift und Herr der Zeit, regierte in **Hermopolis**. Er wurde entweder mit einem Ibiskopf oder als Pavian dargestellt.

Das Krokodil **Sobek**, der Herr der Gewässer, herrschte in der an einem großen See gelegenen Oase **Faiyum**.

Dendera war der Sitz von **Hathor**, der Göttin der Liebe und der Freude.

Die günstige Stimmung der Götter war, so glaubten die alten Ägypter, Voraussetzung für ein günstiges Schicksal. Deshalb war es notwendig, zu ihnen die besten Beziehungen zu unterhalten. Das war Sache des Pharaos, der ja ein Gott auf Erden war – der lebende Horus. Er allein konnte in der Abgeschiedenheit des Tempels mit den Göttern Verbindung aufnehmen. Jeden Tag

König **Sethos I.** bringt Isis ein Opfermahl dar (links). Unten Pharao **Echnaton.**

brachte er der Gottheit Mahlzeiten dar, wusch die Statue im Allerheiligsten und kleidete sie um. Dafür gab der Gott ihm »Leben, Kraft und Gesundheit«. Der Pharao allein sicherte also das von den Göttern verheißene Wohlergehen Ägyptens. Freilich konnte er nicht jeden Tag persönlich in sämtlichen Tempeln des Reichs zugegen sein. An seiner Stelle nahmen hochrangige Persönlichkeiten der Stadt abwechselnd den Tempeldienst wahr. Sie waren jedoch keine wirklichen Priester, und religiöse Verrichtungen beanspruchten nur einen Teil ihrer Zeit. Ein Priestertum kam erst gegen 1000 v. Chr. auf.

Um 1364 v. Chr. erhob Amenophis IV. (Echnaton) den Gott Aton, die Sonnenscheibe, zum einzigen Gott – eine ungeheure Umwälzung. In Karnak ließ er ihm einen riesigen Tempel errichten. Echnatons Reform überdauerte seine Herrschaftszeit jedoch nicht. Sein Nachfolger kehrte wieder zur alten Ordnung zurück.

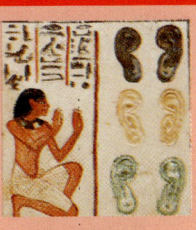

Erst gegen Ende des Neuen Reichs wagten es auch einfache Ägypter, sich auf Denkmälern in Gebetshaltung darstellen

zu lassen. Zauberkräftige Statuen (oben) schützten vor giftigen Tieren. Später opferten Privatpersonen ihren bevorzugten Göttern Mumien ihrer heiligen Tiere – Katzen und Hunde zum Beispiel, von denen nur noch der Kopf zu erkennen ist (unten).

Die meisten Götter hatten ihren Sitz in einem oder mehreren Tempeln. Es gab aber auch Gottheiten ohne eigene Wohnstatt. Dies galt zum Beispiel für **Thueris** und **Bes,** die seit dem Neuen Reich (etwa 1555–1080 v. Chr.) besonders verbreitet waren. Das weibliche Nilpferd Thueris (links) galt als Helferin bei Geburten. Bes, ein grimassenschneidender Zwerg (rechts), war Tänzer und Musiker; er beschützte das Haus und wachte über den Schlaf der Bewohner. Man findet ihn auf den Verzierungen an Betten und Kopfstützen.

HATHOR AMUN

MUT CHONS

Dendera Karnak

Theben

Abydos

ISIS

OSIRIS NEPHTHYS

HORUS

Edfu

CHNUM

Assuan

Abydos war Ziel derer, die zu Osiris pilgerten. Zusammen mit den Göttinnen **Isis** und **Nephthys** gab er den Pilgern Hoffnung auf ein ewiges Leben. **Amun,** seine Gattin **Mut** und ihr Sohn **Chons** herrschten in Theben; dieser Tempelbezirk heißt heute **Karnak.** Der Falkengott **Horus,** der gegen Seth, den Feind seines Vaters Osiris, gekämpft hatte, hatte seinen Sitz in **Edfu.** Die Insel Elephantine liegt der heutigen Stadt Assuan gegenüber; dort schuf, wie man glaubte, der widderköpfige Gott **Chnum** auf seiner Töpferscheibe den Menschen aus Lehm. Zum Ausdruck ihrer Übermenschlichkeit stellten die ägyptischen Künstler die Götter oft als Zwittergebilde mit Menschenkörper und Tierkopf dar. Sind sie in rein menschlicher Gestalt dargestellt, kann man sie leicht an ihrer Kleidung und an ihren Zeichen erkennen.

27

Die Bildhauerkunst

Für die Ägypter der Pharaonenzeit war eine Statue wie ein Lebewesen. Die einer Gottheit, einem König oder einer Privatperson nachgebildete Figur war mehr als nur ein Gegenstand, mit dem sich Erinnerungen verbanden: Sie *war* das Wesen, das sie verkörperte. Deshalb war es wichtig, Namen und Eigenschaften der dargestellten Person auf der Figur schriftlich festzuhalten. Eine Statue ohne Hieroglyphenaufschrift verlor ihre Kraft, weil sie keine Seele hatte.

Die »lebende« Statue verlangte die gleiche Zuwendung wie ein menschliches Wesen. Die Opferformeln auf der Figur hielten die für ihre Verpflegung notwendigen Lebensmittel auf ewig fest: »Tausend Brote, tausend Biere, Fleisch und Geflügel, frisches Wasser . . .«.

Die ägyptischen Bildhauer verwendeten verschiedene Materialien und stellten die Menschen in vielen verschiedenen Haltungen dar. Nicht selten wurde ein und dasselbe Modell, wie hier **Sichem-Ched,** in unterschiedlichen Posen (stehend, sitzend, allein oder mit Familie) abgebildet. Frau und Kinder waren viel kleiner als die Hauptfigur.

Solche »**Würfelhocker**«-Statuen tauchten im Mittleren Reich auf. Der aus dem Steinblock herausgearbeitete Kinderkopf stammt aus dem Neuen Reich.

Die riesige Tempelanlage von **Karnak** war der Wohnsitz des Gottes **Amun.** 2000 Jahre lang wurde an dem Tempel gebaut, wobei jeder Herrscher eine oder mehrere Standbilder zum Ruhme des großen Gottes aufstellen ließ:

Der lebendige Blick mancher Statuen wirkt oft verblüffend auf den Betrachter.

Der Tempel barg daher Tausende von Statuen in allen möglichen Formen. Im 4. Jahrhundert v. Chr. wurden die meisten Figuren vergraben. In einer Grube hat man deshalb 8000 Opferbilder, 450 Statuen und 10 Sphinxe gefunden.

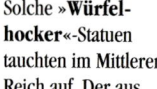

W ar eine Statue fertiggestellt, erfolgte das Ritual der »Mundöffnung«. Die Statue erwachte dadurch zum Leben – als beginne sie zu atmen. Sie mußte dem Vorbild möglichst ähnlich und schön sein. Die Bildhauer, »Former des Lebens«, wählten sehr harte Materialien. Das Modell wurde immer von vorne und in natürlicher Haltung dargestellt. Die »Würfelhocker«-Statuen zeigen die Person in einen weiten Umhang gehüllt, unter dem sich die verschränkten Gliedmaßen verbergen. Erkennbar ist der Abgebildete nur am aus dem Block herausragenden Kopf. Der Stil der Bildhauerei im alten Ägypten hing also eng mit ihrer Funktion zusammen: Verewigung des menschlichen Lebens auf Erden und nach dem Tode.

Die **Schreiber,** hohe Beamte, ließen sich stets im Sitzen abbilden. Dieser hier ist vielleicht der bekannteste und älteste (4. oder 5. Dynastie).

SESOSTRIS III.,
Pharao des Mittleren Reichs.

Sesostris III. ist hier in drei Lebensabschnitten dargestellt: Als Jugendlicher, im Mannesalter und als Greis. Häufig wurde der Pharao eindrucksvoll und streng dargestellt. Solche offiziellen Standbilder befanden sich in den Tempeln und wurden auch an den Grenzen des Reichs aufgestellt. Die beiden Pharaonenfiguren (oben und unten) haben dieselbe Haartracht. Sie entstanden zur selben Zeit.

Der Stil war indes je nach Epoche verschieden. Dieser Schreiber hier ist charakteristisch für das Mittlere Reich (oben).

Der Schreiber versah die schwere Aufgabe des Schreibens und Abschreibens offizieller Texte. Dieses lustige Standbild zeigt einen Schreiber, der einen Papyrus liest. Beschützt wird er dabei von einem Pavian, der Verkörperung von Thot, dem Gott der Schreiber. Er trägt die Gesichtszüge von Pharao **Amenophis III.**

Im Tempel von **Luxor** befindet sich die Moschee des Heiligen Sidi Abu'l-Haggag. Noch heute wird dort ihm zu Ehren ein Fest veranstaltet, das sehr an das altägyptische **Opet-Fest** erinnert.
Abu'l-Haggag war ein berühmter Lehrer und Wundertäter. Seit dem 13. Jh. n. Chr. feiern

seine Schüler seinen Geburtstag jedes Jahr mit einem großen religiösen Volksfest, das bei Einbruch der Nacht mit Gebeten am Grabe des Heiligen beginnt. Religiöse Bruderschaften rufen den Namen

Allahs. Gleichzeitig feiert das Volk in der ganzen Stadt. Am übernächsten Tag findet die Prozession der fünf Katafalke statt: Die Särge des Heiligen, seiner Söhne und einer bekehrten Christin werden auf Kamelen durch die Straßen getragen.

Das Opet-Fest

Während der 18. Dynastie (1551–1306 v. Chr.) fand einmal im Jahr, um die Mitte der Überschwemmungszeit, das große Opet-Fest zu Ehren des Gottes Amun statt. In vier Barken kamen die Standbilder Amuns, seiner Gattin Mut, seines Sohnes Chons und des Pharaos nilaufwärts aus Karnak. Vom Fluß zum Tempel wurden sie von Priestern getragen. Soldaten, Musiker und Tänzer begleiteten den Zug. Den Tempel, in dem die geheimen Zeremonien stattfanden, durften jedoch nur die Priester betreten. Das Volk empfing dann die Ratschlüsse des Gottes.

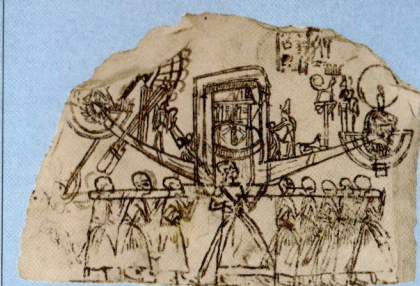

Etwa drei Kilometer liegen zwischen dem Amun-Tempel in **Karnak** und dem in **Luxor**.
Je nach Epoche brauchte die Prozession dafür elf bis siebenundzwanzig Tage. Das Opet-Fest lief unter den verschiedenen Königen unterschiedlich ab. Zur Zeit der Königin **Hatschepsut** zog die

Prozession am Nilufer entlang. Sie begann am dritten Pylon des Tempels von Karnak, bewegte sich durch den von Sphinxen gesäumten Prozessionsweg und zog dann zum Tempel von Luxor. Von Zeit zu Zeit hielt man an, um zu beten. Seit **Tutanchamun** fuhr die Prozession auf dem Nil.

Jedes Standbild wurde in eine heilige Barke gehoben, die ein Boot stromaufwärts beförderte. Der Zug bestand aus einer Militäreskorte sowie Tänzern und Musikern. Die Menge begleitete ihn und bejubelte seine Ankunft in Luxor. Dort wurden auf kleinen Altären Opfer dargebracht. Bei dieser Gelegenheit baten die Menschen um den Rat des Gottes. Der Rückweg nach Karnak erfolgte auf gleiche Weise.

Das Grab des Kha

Dieser große Korb lag im Eingang des Grabes.

Der ausgezeichnet erhaltene, bis zu seiner Entdeckung unberührte Inhalt des Grabes von Kha, einem Architekten aus dem Neuen Reich, befindet sich heute im Museum von Turin. Er zeigt, wie die Häuser wohlhabender Bürger eingerichtet waren; nach ägyptischem Glauben benötigte der Mensch nach dem Tod die gleichen Dinge wie im irdischen Leben. Dies erklärt das Vorhandensein von Gegenständen des täglichen Lebens, auch wenn einige davon, wie etwa Khas Stuhl, eigens für das Grab angefertigt wurden. Die reiche Grabausstattung enthält Stühle und leichte Tischchen sowie Betten mit Teilen in Tiergestalt. Zahlreiche Hocker und Vasentischchen vervollständigen die Sammlung. Körbe und Gefäße in verschiedenen Formen und Größen dienten zur Aufbewahrung von Lebensmitteln. Wuchtige Truhen enthielten Toilettenartikel, Perücken und Kleider. Eine große Menge gewaschener, ausgebesserter und gebügelter Wäsche, ein Nähzeug sowie Gesellschaftsspiele waren dem Toten beigegeben. Eine ölgefüllte Schale diente zur Beleuchtung.

In diesem Korb wurden getrocknete Früchte aufbewahrt.

Ein **Senetspiel**, ein kompliziertes Brettspiel.

Solche kleinen **Hocker** benutzten die Handwerker im alten Ägypten.

Die einfache Form ließ dem Arbeiter viel Bewegungsfreiheit.

In dieser bemalten hölzernen **Truhe** lag die Wäsche. Die Seiten sind mit Opferszenen bemalt. In einem ägyptischen Haus war das Bett das wichtigste Möbelstück; die Truhen dienten als Schränke. Formen und Muster waren sehr vielfältig.

Der bemalte, hölzerne **Stuhl** Khas besteht aus einer verstärkten Lehne und einer aus Pflanzenfasern geflochtenen Sitzfläche. Die Füße haben die Form von Löwentatzen.

Im Jahr 1906 erforschte der Italiener **Ernesto Schiaparelli** sorgfältig **Der Al Medina,** das Dorf der Arbeiter im **Tal der Könige.** Die Gräber der Arbeiter lagen im Umkreis des Dorfes und hatten pyramidenförmige Dächer. Darunter war auch das unversehrte Grab von Kha, einem Architekten aus dem Neuen Reich. Fotos der Entdeckung zeigen, daß der Zugang zum Schacht versperrt war. Ein breiter Gang, in dem zahlreiche Körbe, Tongefäße und Möbelstücke standen, führte zur Grabkammer. Dort befanden sich die Mumien von **Kha** (drei Särge in einem Sarkophag) und von seiner Frau **Merit** (zwei Särge) sowie eine einzigartige Sammlung von Möbeln und Gebrauchsgegenständen.

Detail des **Matratzengeflechts** aus geflochtenen Schnüren.

KHAS BETT
Das Bett hat eine aus Pflanzenfasern geflochtene Liegefläche. Die Füße des Schläfers stützten sich an dem senkrechten Fußteil ab. Die als Löwentatzen geformten Füße des Bettes sind dem Kopfende zugekehrt. Bettücher und Decken wurden auf dem Bett Merits gefunden.

Die **Amphore** stand in einem hölzernen Gestell: Sie diente zur Lagerung von Lebensmitteln wie zum Beispiel getrocknetem Fleisch. Der Verschluß ist mit Lehm versiegelt.

GEFÄSSE wurden aus verschiedenen Materialien – Metall oder Keramik – gefertigt. Oben eine **Situla** (Henkelkanne); Krug und Becken (links) sollten Kha zum Händewaschen vor der Mahlzeit dienen.

Auf dem leichten **Tisch** (unten) aus mit Palmfasern verbundenen Papyrusstengeln liegen Brote. Im Neuen Reich wurde das Weizen- oder Gerstenbrot im Ofen gebacken. Es war meist rund und gewölbt.

Das **Toilettenkästchen** trägt den Namen Merits. Es ist in Fächer unterteilt und enthält Parfüm- und Cremetöpfchen, darunter einen Flakon mit Kohl, der schwarzen Augenschminke, mit einem Stäbchen zum Auftragen. Unten ein Kosmetiklöffel.

Dieser kleine **Teppich** ist mit rosa und braunen **Lotusblüten** und **-knospen** verziert; die Fransen sind an den Enden verknüpft.
Das große **Hemd** (unten) ist aus Leinen genäht. Säume und Kragen sind mit einer Borte verziert.

Statuette von **Kha.** Sie trägt einen Schmuck aus Pflanzen.

So wurde die Statuette von Kha gefunden.

Bronzenähnadeln und Fadenknäuel (rechts).

33

GRABDIENER
(Uschebti), geschmückt
mit dem 6. Kapitel aus
dem »Totenbuch« und

dem Namen des Toten.
Die Dienerfiguren sollten
nach ägyptischem
Glauben im Reich
des Osiris anstelle des
Toten die Feldarbeit
verrichten.
Die Uschebti befanden
sich in Miniatursarko-
phagen oder in Truhen;
ihre Anzahl hing vom
Rang des Verstorbenen
ab. Tutanchamun
hatte 413.

Bestattungs-
bräuche

Die Mumifizierung diente dazu,
die äußere Gestalt des Verstorbenen zu bewahren.
Zuerst wurden Eingeweide und Körperflüssigkei-
ten entfernt; dann wurde die Leiche einbalsamiert
und mit duftenden Heilkräutern gefüllt. Das sollte
die Verwesung verhindern. Schließlich wurde der
Tote sorgfältig bandagiert und mit schützenden
Amuletten bedeckt. Das genügte jedoch noch
nicht: Die Mumie kam noch in mehrere Särge, die
wiederum in einem Sarkophag verschlossen wurden – zumindest bei Pharaonen und bei hohen
Würdenträgern. Jeder einzelne Sarg war dem
Verstorbenen nachgebildet. Die Eingeweidegefäße
(Kanopen) und kleine Statuetten, die Grabdiener
des Toten (Uschebti), wachten über seine Ruhe.
All diese Gegenstände trugen Inschriften und
waren mit Zeichen und Symbolen verziert.

Nach der Reinigungs- und Opferzeremonie
vollzog ein Priester an der Mumie das Ritual
der »Mundöffnung«, damit der Tote weiterlebe.
Der auf diese Weise wiederbelebte »Kha« – die
Lebenskraft des Menschen – bedurfte der ge-
wohnten Umgebung, um leben und sich ernähren
zu können. Aus diesem Grund wurde das Grab mit
Möbeln und einer Vielzahl von Gegenständen des
täglichen Lebens versehen. Manche waren Kopien
echter Gegenstände, andere verkleinerte Modelle.
Die Wände der Grabkammern waren oft mit Szenen
verschiedenster Art bemalt. Um ins Totenreich zu
gelangen, mußte der Tote vor das Gericht des
Gottes Osiris treten. Sein Herz, auf Thots Waage
gelegt, durfte nicht schwerer sein als eine
Feder von Maat, der Göttin der Wahrheit und des
Rechts, sonst wurde er von einem Ungeheuer,
der »Fresserin«, verschlungen.

LEICHENZUG
Die Bilder im Totenbuch
lassen den Pomp eines
solchen Zuges erkennen.
Von links nach rechts:
Der Sarkophag und die
Kanopenkrüge werden
auf Schlitten gehoben.

Die Witwe, Freunde, der
Schreiber, Möbelträger
und Klageweiber be-
gleiten den Toten. Der
Priester weiht die Opfer-
gaben vor der am Ein-
gang zum Grab aufge-
stellten Mumie.

DIE MUMIFIZIERUNG
Die Bilder oben zeigen
die einzelnen Schritte
der Mumifizierung: Die
schwarz dargestellte
Leiche wird gereinigt
und dann mit **Natron**
bestreut, um ihr das
Wasser zu entziehen, ehe
sie auf dem Einbalsamie-
rungsbett weiterbehan-
delt wird. Auf dem Bild
ist auch **Anubis,** der
Totengott mit dem
Schakalkopf, zu sehen.

König **Eje** vollzieht an
der Mumie des
Tutanchamun das
Ritual der Mundöffnung
(oben).

Die Gräber der großen
Pharaonen im **Tal der
Könige** waren von
unterschiedlicher Form
(erst quadratisch, später
rechteckig) und Länge
(mehr als 100 m bei
Sethos I., weniger als
25 m bei **Tutanchamun**).

VIER KANOPENKRÜGE
(links). In ihnen wurden
die Eingeweide des Toten
beigesetzt.

**BEGRÄBNIS EINER
KÖNIGSMUMIE**
Der zerbrochene und
wieder reparierte Deckel
aus Rosengranit ist braun
gestrichen worden.

Der erste, mumienförmige
Sarg besteht aus mit ver-
goldetem Gips beschich-
tetem Holz. Der König
hält Krummstab und
Geißel, die Insignien des
Gottes Osiris,
in Händen.

Ein leinenes Leichen-
tuch und ein Hals-
schmuck aus Blättern
und Blüten auf einem
Papyrusblatt bedecken
den Sarg.

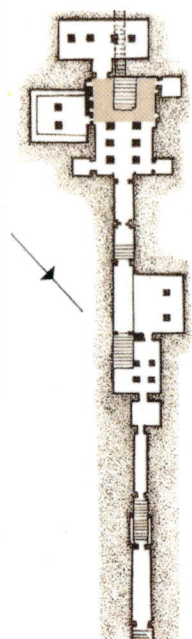

Zweiter Sarg aus ver-
goldetem Holz. Er ist in
ein Leichentuch gehüllt
und mit Blumen
geschmückt.

Der Mumie sind
schützende Amulette
beigegeben. Sie trägt
auch noch ihre Ge-
schmeide und Waffen.

Zur Vorbereitung des Toten auf die Fragen vor dem Gericht des Osiris wurde ihm das »Totenbuch« ins Grab gelegt. Es enthielt die richtigen Antworten und war zur Erklärung mit kleinen Bildern illustriert.

Die kostbare Ausstattung der Königsgräber zog natürlich Grabräuber an. Seit Anfang des Neuen Reichs ließen sich die Pharaonen deshalb in einem Wüstental bei den Tempelanlagen von Theben am westlichen Nilufer bestatten – im Tal der Könige. Dieses Gebiet war von Soldaten bewacht.

Dort entdeckte der Engländer Howard Carter im Jahr 1922 das berühmte Grab des Tutanchamun mit seinen reichen Schätzen.

Die goldene Totenmaske mit Einlagen aus blauem **Glasfluß** und **Lapislazuli** setzt den Toten mit der Sonne gleich.

Der Sarkophag, in dem sich die ineinandergestellten Särge befinden, ist aus **Quarzit,** einem sehr harten Quarzstein.

DAS TAL DER KÖNIGE
Seit dem Neuen Reich wurden die Königsgräber in den Bergen angelegt, die Totentempel standen im Niltal. Gewöhnlichen Sterblichen war der Zugang zum Tal der Könige nicht gestattet.

Eines der vierzehn Schiffe im Grab Tutanchamuns. Es war für seine Reisen im Jenseits bestimmt.

Seit 1821 arbeitete der Engländer **John Gardner Wilkinson** (1797–1875) in Theben. Von dort brachte er diese Zeichnung eines Mumienkopfes mit. Sein Werk über das Alltagsleben der alten Ägypter stellt ihn in die erste Reihe der englischen Ägyptologen.

Der Franzose **Jean François Champollion** (1790–1832) entzifferte im Jahr 1822 anhand der dreisprachigen Inschrift auf dem 1799 gefundenen **Stein von Rosette** die **Hieroglyphen.**

Der deutsche Ägyptologe **Carl Richard Lepsius** (1810–1884) leitete im Auftrag des Königs von Preußen 1842–1845 eine wissenschaftliche Expedition nach Ägypten. Die bemerkenswerten Ergebnisse wurden in zwölf reich illustrierten Bänden veröffentlicht. Sie werden noch heute von Ägyptologen benutzt. Lepsius gilt als der Begründer der deutschen Ägyptologie.

Seit jeher hat Ägypten die Menschen fasziniert. Vom griechischen Geschichtsschreiber Herodot (5. Jahrhundert v. Chr.) über die arabischen Geographen zur Zeit der Kreuzzüge bis hin zu den Weltreisenden des 18. Jahrhunderts hat dieses Interesse nie nachgelassen. Die Ägyptologie (die Wissenschaft vom alten Ägypten) nahm ihren Anfang mit der Veröffentlichung der Arbeiten der Wissenschaftler, die Napoleon Bonaparte auf seinem Ägyptenfeldzug (1798–1801) begleitet hatten. Die Entzifferung der Hieroglyphen durch Champollion im Jahr 1822 war ein wichtiger Schritt. Allerdings gingen mit den Anfängen der ägyptologischen Forschung auch Plünderungen einher. Mitte des 19. Jahrhunderts wurde deshalb eine Altertümerverwaltung eingerichtet, welche die Ausgrabungen überwachte.

Der Franzose **Auguste Mariette** (1821–1881) reiste 1850 nach Ägypten, ursprünglich, um koptische Manuskripte zu kaufen; er benutzte das Geld dann aber, um das **Serapeum,** die Totenstadt der heiligen Stiere in Memphis, auszugraben. Um den Plünderungen der Denkmäler ein Ende zu setzen, gründete er im Jahr 1858 die ägyptische Altertümerverwaltung. Er war außerdem Gründer und Direktor des ägyptischen Nationalmuseums. Über seine zahlreichen Ausgrabungen in **Tanis, Abydos, Dendera, Edfu** und **Karnak** hat Mariette eine hervorragende wissenschaftliche Dokumentation hinterlassen.

Der Engländer **Sir Flinders Petrie** bereiste Ägypten von 1883 bis 1923. Sein Entdeckerdrang führte ihn nach **Tanis** im Nildelta, nach **Faiyum, Abydos** und **Amarna,** wo er die Hauptstadt des Pharaos Echnaton entdeckte.

Seit den Anfängen der Ägyptologie wurden zahllose Funde gemacht. Die Wissenschaft macht auf allen Gebieten Fortschritte. Internationale Initiativen bemühen sich um die Erhaltung gefährdeter Denkmäler. Die durch den Bau des Assuan-Staudamms bedrohten Tempel von **Abu Simbel** wurden zerlegt und an anderer Stelle Stein für Stein wiederaufgebaut.

Kriegshandwerk und Wissenschaften in Ägypten

Ramses II. schloß um 1293 v. Chr. Frieden mit dem Hethiterreich.

Gegen Ende des 2. Jahrtausends v. Chr. entstanden große Reiche an den Grenzen Ägyptens. Die Pharaonen Ramses II. und Ramses III. mußten ihr Land gegen feindliche Überfälle verteidigen. Unsere heutige Vorstellung vom alten Ägypten ist von dieser relativ jungen Periode maßgeblich beeinflußt, denn sie hat uns die meisten Zeugnisse hinterlassen: Papyri und große Tempel wie den der Göttin Hathor in Dendera (oben; Zeichnung von David Roberts).

DAS UDSCHAT-AUGE
Detail eines Armreifs aus einem der Königsgräber von **Tanis,** der im Delta gelegenen Residenz der Könige der 21. Dynastie. Die Grabschätze dieser Könige waren weniger prächtig als die der Pharaonen des Neuen Reichs, enthielten aber trotzdem zahlreiche meisterhaft gefertigte Gegenstände aus Gold, Silber und Lapislazuli.

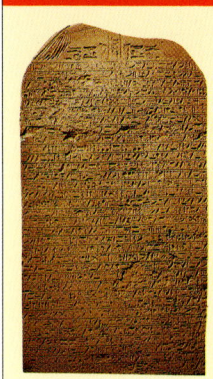

STELE VON KAMOSE
Diese große Stele aus **Karnak** erinnert an die militärischen Erfolge des südägyptischen Königs Kamose über die **Hyksos** (Anfang des 16. Jahrhunderts v. Chr.).

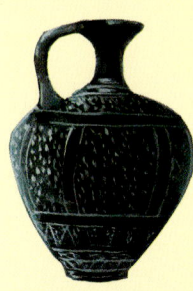

Krüge dieser Art waren während der Hyksos-Zeit in Ägypten sehr verbreitet.

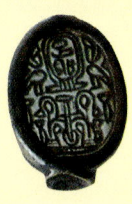

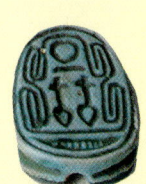

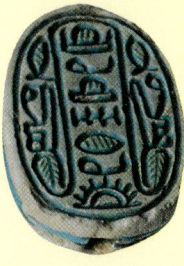

Solche gravierten Steine in **Skarabäus**-Form wurden als Glücksbringer und Siegel verwendet. **Ramses II.** weihte eine ganze Menge von ihnen **Thot,** dem König der Schreiber.

DER PHARAO IM KRIEG
Als oberster Befehlshaber mußte der König alle Feldzüge leiten – eine Aufgabe, die er aber oft anderen übertrug. Hier sieht man, auf

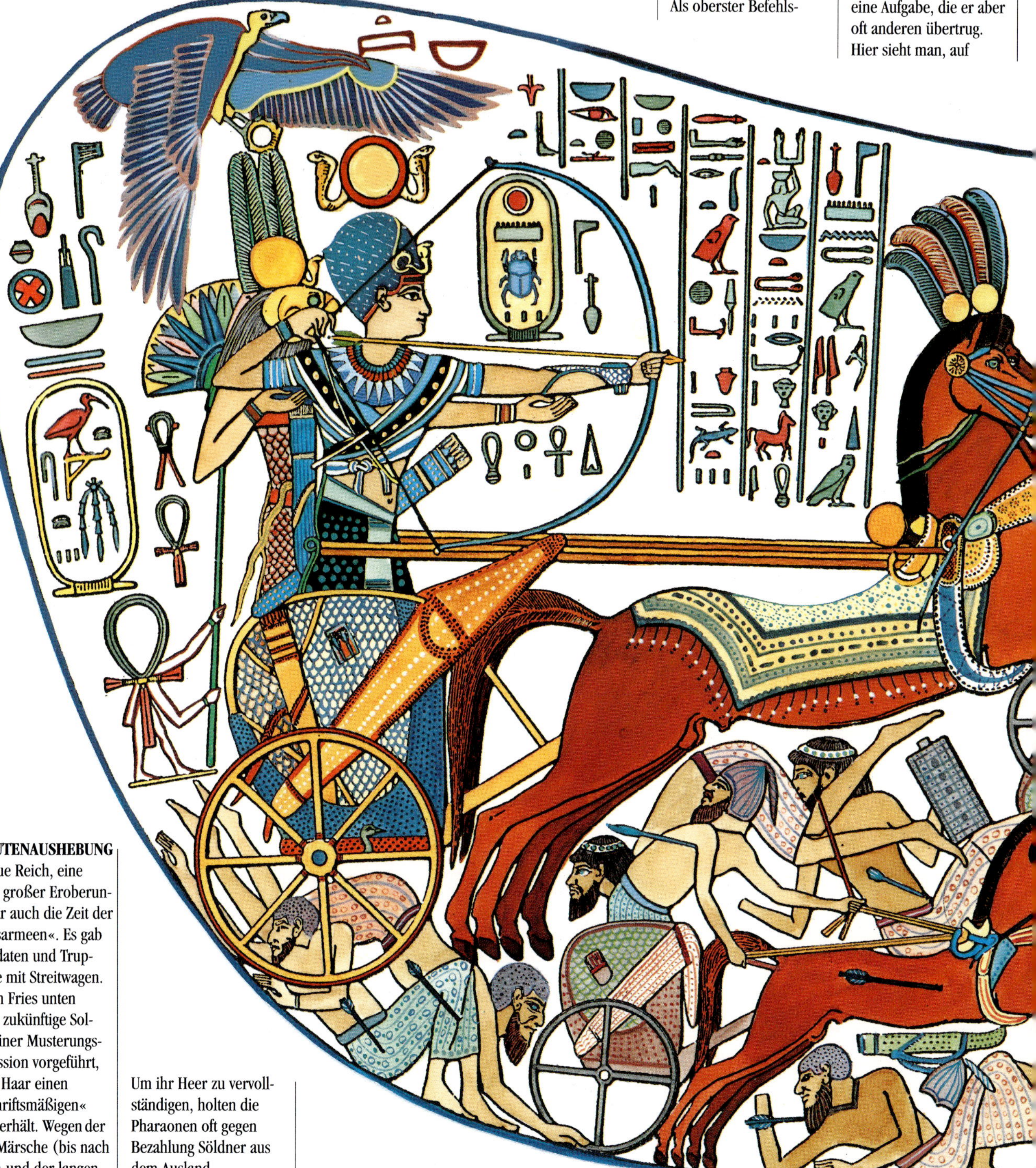

REKRUTENAUSHEBUNG
Das Neue Reich, eine Epoche großer Eroberungen, war auch die Zeit der »Berufsarmeen«. Es gab Fußsoldaten und Truppenteile mit Streitwagen. Auf dem Fries unten werden zukünftige Soldaten einer Musterungskommission vorgeführt, ehe ihr Haar einen »vorschriftsmäßigen« Schnitt erhält. Wegen der weiten Märsche (bis nach Syrien!) und der langen Feldzüge war das Leben der ägyptischen Soldaten sehr hart. In der Schlacht standen die Fußsoldaten den manchmal besser ausgerüsteten Feinden nur unzureichend geschützt gegenüber. »(. . .) Er [der Soldat] trinkt salziges Wasser und hält nur an, um Wache zu stehen. Schafft er es bis zum Feind? Er ist wie ein gefangener Vogel, ganz ohne Kraft. Kehrt er wieder nach Ägypten zurück? Er ist wie ein von Würmern zernagtes Stück Holz (. . .)«.

Um ihr Heer zu vervollständigen, holten die Pharaonen oft gegen Bezahlung Söldner aus dem Ausland.

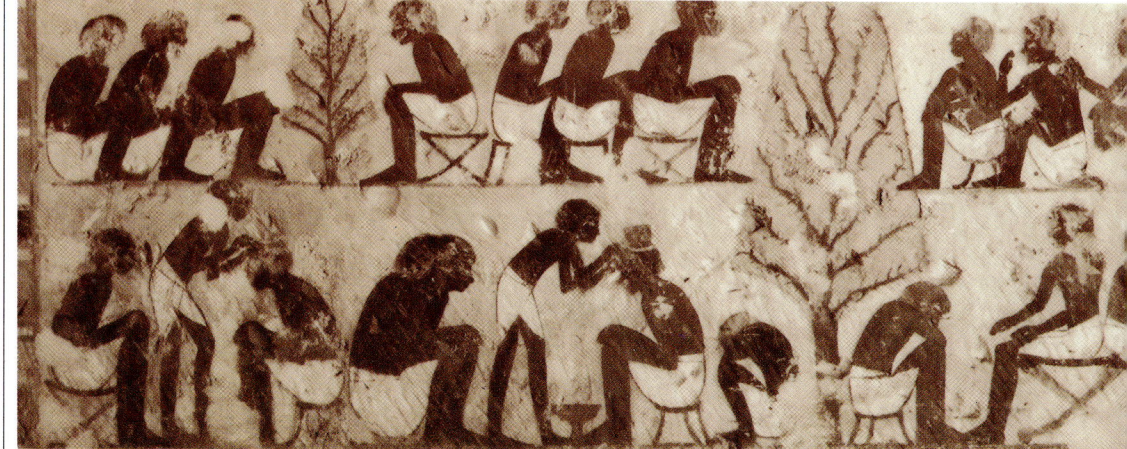

seinem Wagen stehend, **Thutmosis IV.** (Ende des 15. Jahrhunderts v. Chr.), der allein eine ganze Armee von syrischen Streitwagen besiegt. Hinter ihm steht der falkenköpfige Kriegsgott **Montu** und hilft dem König beim Zielen. In Wirklichkeit verlief die kurze Regierungszeit Thutmosis' IV. sehr ruhig.

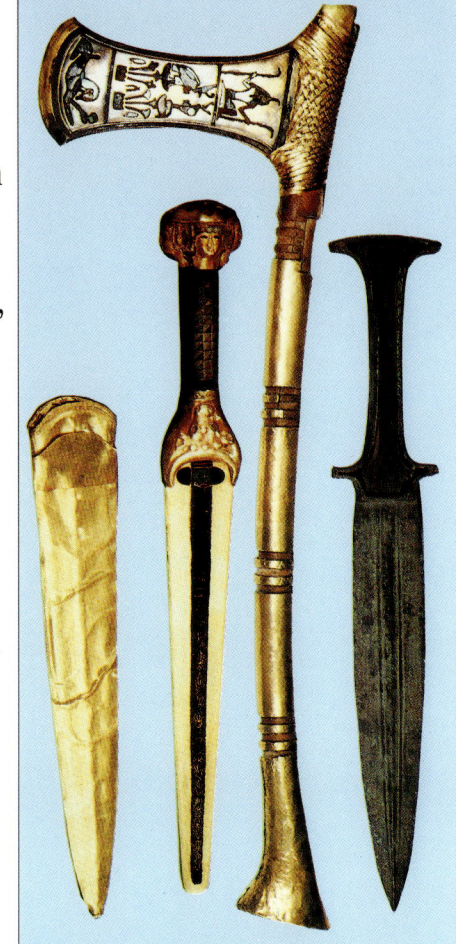

Das Heer im Neuen Reich

Im 18. und 17. Jahrhundert v. Chr. machte Ägypten eine schwierige Zeit durch: Der Süden war durch rivalisierende Mächte geteilt, der Norden von Eindringlingen aus dem Vorderen Orient, den Hyksos, besetzt. Diese hatten Pferde und Wagen und waren somit besser bewaffnet als die Ägypter. Den thebanischen Königen der 17. Dynastie gelang es, die Hyksos aus Ägypten zu vertreiben. Diese Könige, vor allem die beiden ersten, Kamose und Amosis, stützten sich auf ein nunmehr mit Kampfwagen ausgerüstetes Heer. Auch ihre Nachfolger waren sehr kriegerisch: Sie gaben sich mit der Befreiung Ägyptens nicht zufrieden, eroberten Palästina und den Libanon und drangen im Norden bis zum Euphrat (in Syrien) vor. Im Süden war ihr Ziel Nubien. Sie stießen bis in den heutigen Sudan vor. Die Eliteeinheit des Heeres waren die von Fürsten oder hochgestellten Persönlichkeiten befehligten Streitwagentruppen. Da die Ägypter keine Reiter waren, gab es keine wirkliche Reiterei; den größten Teil des Heeres bildeten die Fußsoldaten. Unter ihnen waren viele ausländische Söldner.

WAFFEN DES KÖNIGS
Einige Prunkwaffen sind erhalten: Der leichte und schnelle Streitwagen **Tutanchamuns;** sein Dolch (mit einer Eisenklinge anstelle der gebräuchlichen Bronzeklinge); Beil und Dolch von **Amosis I.,** dem Befreier Ägyptens. Die Wagen wurden von zwei Pferden gezogen und waren für höchstens zwei Personen gebaut, die auf einem Geflecht aus Lederriemen standen. Der halbrunde Aufbau hatte einen Rahmen, auf den sich der Wagenlenker stützen konnte.

WAFFEN
Pferde dienten nur sehr selten als Reittiere; im Krieg zogen sie die Streitwagen. Pfeil und Bogen wurden am Ende des Neuen Reichs unverändert weiterbenutzt.

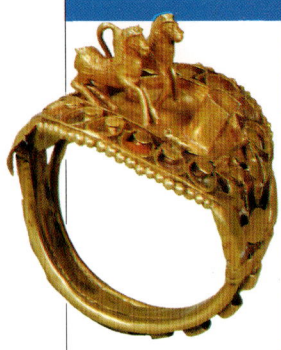

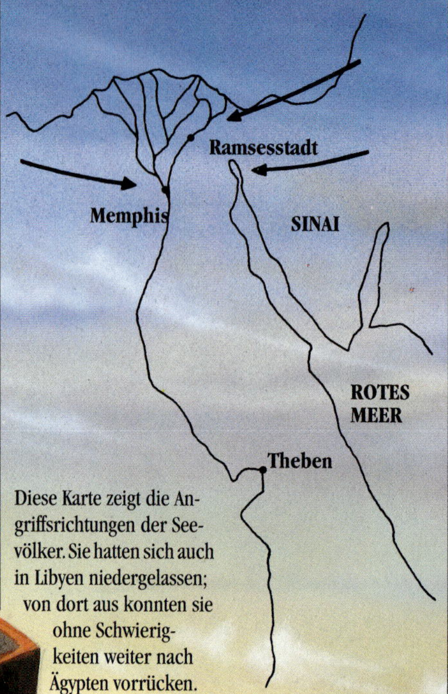

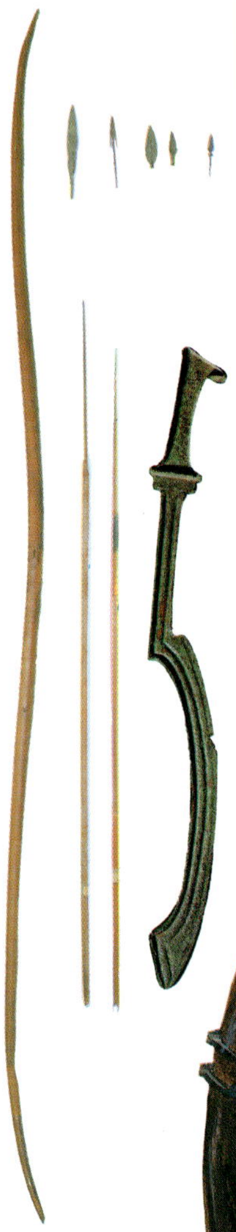

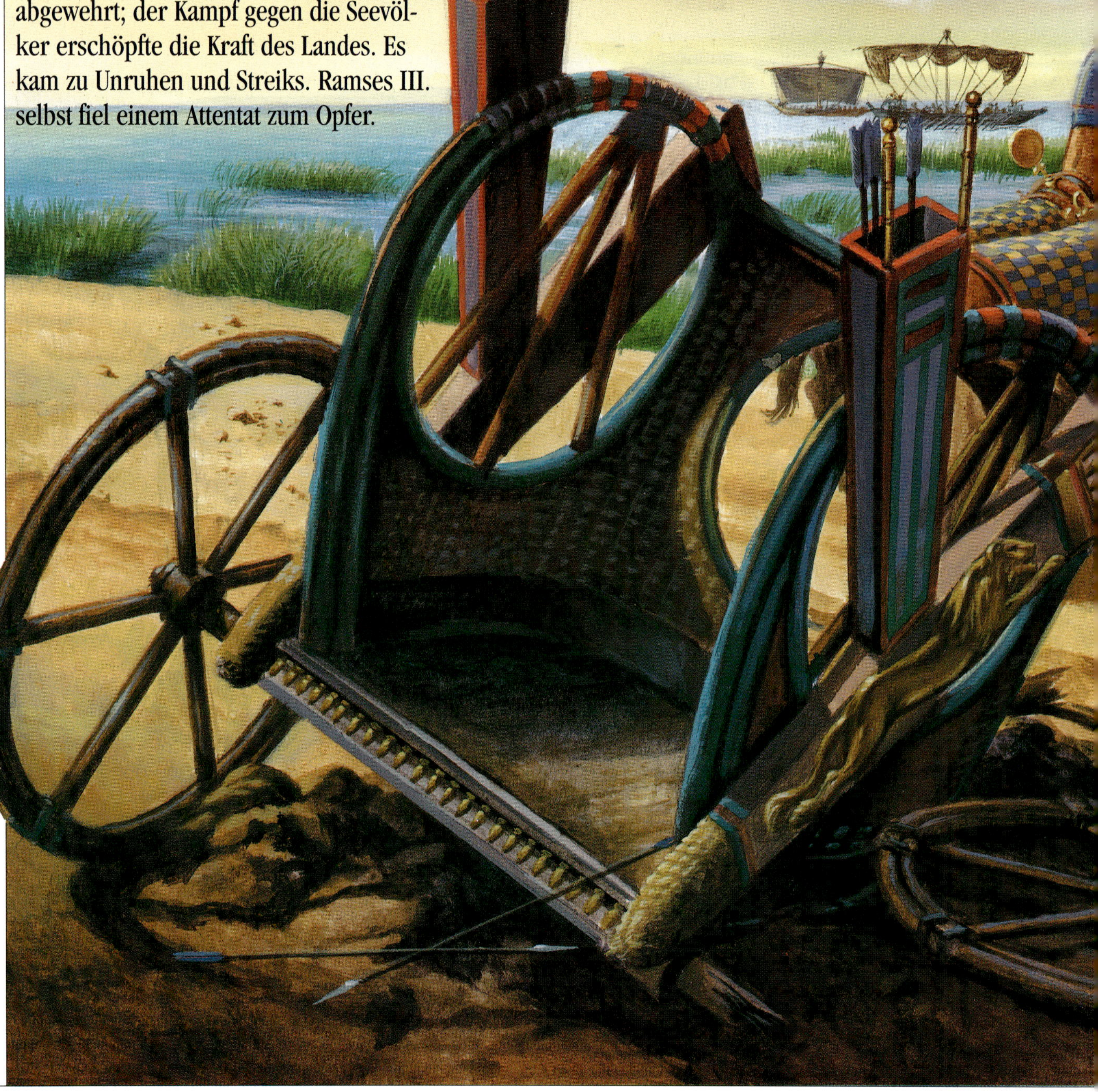

Der **Krummsäbel** war eine Anleihe der Ägypter bei ihren asiatischen Nachbarn. Von dorther kamen zu dieser Zeit auch **Helme** und **Panzer.**

Ramses III. und die Seevölker

Am Ende des 13. und am Beginn des 12. Jahrhunderts v. Chr. kam es zu einem Ansturm von Seevölkern, die vom nördlichen Mittelmeerraum aus in die Reiche des Vorderen Orients einfielen. Sie gerieten auch mit den Ägyptern in Konflikt. Der schwerste Zusammenstoß fand unter Ramses III. statt: Eine feindliche Flotte versuchte nordöstlich des Nildeltas zu landen, wo sie von ägyptischen Schiffen vernichtet wurde; die Überlebenden machten Bogenschützen vom Lande her nieder. Der Sieg war vollkommen, der Ansturm aber nicht abgewehrt; der Kampf gegen die Seevölker erschöpfte die Kraft des Landes. Es kam zu Unruhen und Streiks. Ramses III. selbst fiel einem Attentat zum Opfer.

Diese Karte zeigt die Angriffsrichtungen der Seevölker. Sie hatten sich auch in Libyen niedergelassen; von dort aus konnten sie ohne Schwierigkeiten weiter nach Ägypten vorrücken.

Die von den Ägyptern unterworfenen **Nubier** bringen dem Wesir ihren Tribut – Vieh, Hunde und sogar eine Giraffe, da der König exotische Tiere an seinem Hof hielt. Hauptsächlich aber lieferte Nubien Gold, das in den Minen der östlichen Wüste abgebaut wurde.

Abgesandte von **Punt**, einem afrikanischen Land, dessen Lage nicht mehr bekannt ist, bringen einen Weihrauchbaum. Weihrauch war für den Götterkult unentbehrlich, doch gelang es den Ägyptern nicht, den Baum am Nilufer heimisch zu machen.

Eine bedeutende Persönlichkeit: der Wesir

An der Spitze der Gesellschaft stand der Pharao – zwischen Göttern und Menschen. Ihm direkt unterstellt war ein hoher Beamter, der Wesir, eine Art Ministerpräsident. Seine Machtbefugnisse waren so groß, daß seine Rolle zeitweise der eines Staatsoberhaupts gleichkam. Seine wichtigste Aufgabe war die Rechtsprechung: Ihm unterstanden alle Gerichte des Landes; seine Sonderrechte konnte er natürlich auch persönlich wahrnehmen. Der Wesir leitete auch die gesamte königliche Verwaltung, welche die Steuern eintrieb und die großen Bauvorhaben durchführte.

DER WESIR, EIN HOHER BEAMTER
Die vier Hieroglyphen oben sind die Zeichen für den Begriff »**Wesir**« (sprich: »**tschaty**«). Hohe Beamte waren an ihrer schweren, gestärkten, am Hals von einer Art Hosenträger gehaltenen Amtstracht erkennbar.
Rechts die Statue eines Wesirs aus der 22. Dynastie.

Syrer bringen Pferde, die das ägyptische Heer dringend | benötigte; in Ägypten war die Pferdezucht schwierig – es gab | nicht genügend Weideflächen. Auch Waffen werden gebracht | (Bogen, Köcher, Schilde), außerdem irdene Krüge, Elefanten- | stoßzähne sowie ein kleiner Elefant und ein Bär.

Ein Maurer überprüft, ob seine | Ziegelmauer im Lot ist.

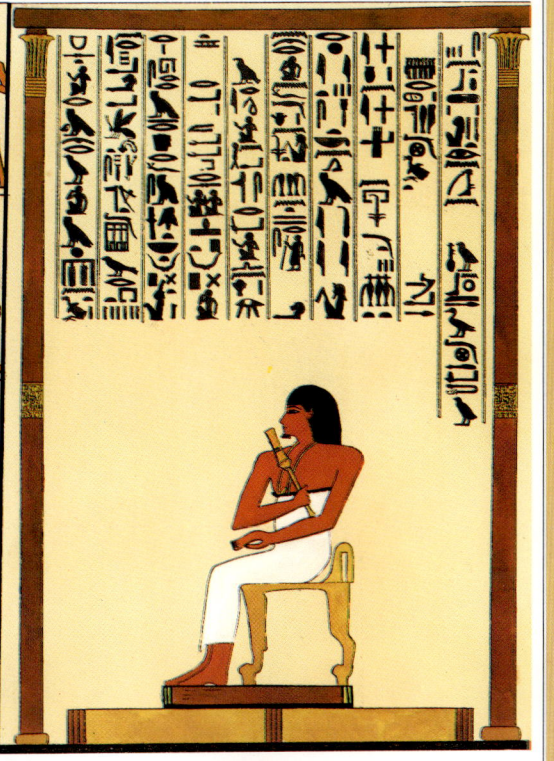

Der Wesir sitzt unter seinem Thronhimmel und spricht Recht. Eine Anzahl von | Klägern wartet darauf, an die Reihe zu kommen. Als höchster Richter trug der Wesir | den Titel des Priesters von **Maat,** der Königin der Wahrheit und der Gerechtigkeit.

Drei Arbeiter legen letzte Hand an eine | große steinerne Sphinx.

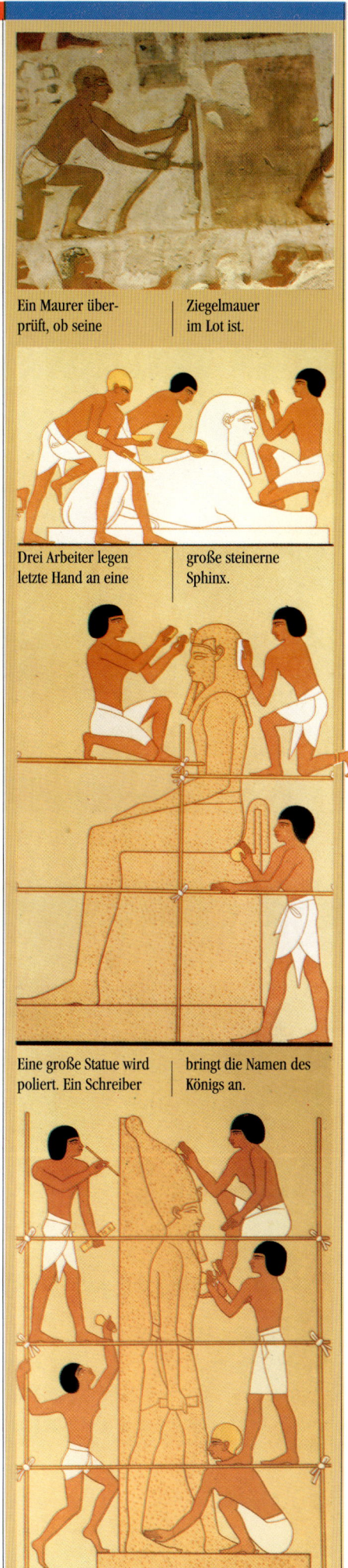

Eine große Statue wird poliert. Ein Schreiber | bringt die Namen des Königs an.

Eine Aufschrift im Grab von Rechmire, dem Wesir von Thutmosis III., erlaubt uns, die Rolle dieses höchsten Ministers im alten Ägypten besser zu verstehen. So spricht der König: »Betrachte das Amt des Wesirs; bedenke alles, was dort geschieht; sieh: Er ist die Stütze des ganzen Landes. Seine Aufgabe ist nicht angenehm, sondern bitter wie Galle. Der Wesir ist die eherne Mauer, die das Gold im Haus seines Herrn schützt. Er beugt sich vor keinem Würdenträger und keinem Richter; er wählt die Treuesten der Getreuen. Erkenne: Dem Manne seiner Gefolgschaft erweist er Wohltaten, niemandem sonst.«

In der Werkstatt eines Bildhauers namens **Thutmosis** in **Amarna** hat man mehrere Porträts von Mitgliedern der königlichen Familie gefunden. Am vollkommensten ist zweifellos die Büste von **Nofretete**, der Gemahlin von **Amenophis IV. (Echnaton)**. Sie befindet sich heute in Berlin. Von anderen Königinnenbüsten unterscheidet sie sich durch den ausgefallenen blauen Kopfputz.

ÄGYPTISCHE MUSIK
Trotz vieler erhaltener Instrumente wissen wir fast nichts von der Musik der alten Ägypter. Man vermutet, daß sie ein Mittelding zwischen der afrikanischen und der orientalischen Musik war.

DIE SISTER war eine Art Rassel aus Metall oder Steingut und wurde bei religiösen Zeremonien benutzt.

WINKEL-HARFE
Sie steht im Louvre-Museum (Paris) und ist wohl die besterhaltene ihrer Art. In Gräbern sind oft Blinde dargestellt, die ein solches Instrument spielen.

Die beliebtesten Musikinstrumente waren die **Sister**, **Flöten**, **Kastagnetten**, **Harfen** und **Kitharas** (Leiern).

Am Hof von Amarna

Das Leben im Palast von Amarna, der von Amenophis IV. (Echnaton) erbauten neuen Hauptstadt Ägyptens, war um 1360 v. Chr. anders als das der früheren Pharaonen. Der König verehrte nur einen einzigen Gott, Aton (die Sonnenscheibe). Die Tempel der anderen Götter ließ er schließen. Sein Nachfolger Tutanchamun kehrte jedoch wieder zum alten Glauben zurück.

Aus entfernten Wüsten-
oasen angereiste
Tänzerinnen bieten vor
der Königsfamilie an
einem Becken im
Palast ihre Kunst
dar. Der Fußboden
ist reich mit Tier-
und Blumen-
mustern verziert,
die an Fauna und
Flora der Sümpfe
erinnern.

LÄNGENMASSE

Richtige Längenmessung war im alten Ägypten für Vermessungsbeamte, Amtsschreiber und vor allem für Architekten sehr wichtig.

Maßeinheit war die **königliche Elle** (52,3 cm). Der Maßstab (links) mit dem Namen des Finanzministers von Tutanchamun trägt die folgenden gebräuchlichen Unterteilungen:

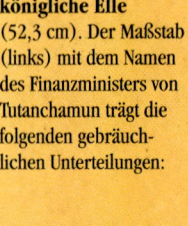

28 Fingerbreiten zu 1,87 cm

und 7 Handbreit zu je 4 Fingern (7,47 cm). Über jedem Finger steht der Name eines Schutzgottes.
Auf der Vorderseite sind die Finger noch einmal unterteilt: in zwei bis 16 Abschnitte.

Die Ägypter verwendeten also kein Dezimalsystem.

DIE ZEIT

Dieser astronomische und religiöse Kalender teilt das Jahr in drei Jahreszeiten: **akhet**, die Zeit der Überschwemmung, **peret**, die Zeit des Säens und Erntens, und **chemu**, die heiße, trockene Zeit. Jeder dieser Abschnitte umfaßt vier Monate. Unter den

einzelnen Monaten stellen Figuren Planeten und Sterne dar, die in dieser Zeit am Himmel erscheinen. Das Jahr

beginnt in der Mitte der Tafel am ersten Tag des ersten Monats **akhet**: Die Göttin im Boot ist

der Stern **Sothis (Sirius)**, der an diesem Tag im Osten erscheint. Unter Sothis sind die das ganze Jahr über sichtbaren Sternbilder des Nordens dargestellt. In der unteren Reihe sind 12 Gottheiten zu sehen – eine für jeden Monat des Jahres.

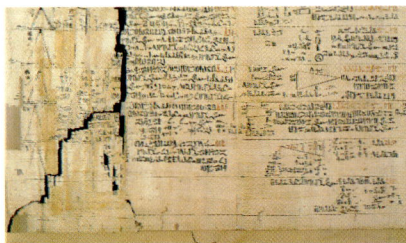

KOPFRECHNEN

In der Verwaltung, der die Versorgung der großen Baustellen und der Arbeiter auf den Feldern oblag, waren gute Kenntnisse der praktischen Mathematik notwendig. Die auf einem Papyrus festgehaltene Rechenaufgabe (oben) ist ein Beispiel dafür: »Verteilung von 100 Broten unter 10 Männer, darunter 1 Matrose, 1 Vorarbeiter und 1 Wächter, die doppelte Rationen erhalten. Das ergibt 13 Anteile; 100 ist durch 13 zu teilen. Ergebnis: Die Ration der 7 Männer ist 7 2/3 + 1/39; Matrose, Vorarbeiter und Wächter bekommen das Doppelte.«
Bis auf die Verdoppelung kannten die Ägypter keine Vervielfachung. 7 x 12 wurde so malgenommen: 7 besteht aus 4 + 2 + 1; sie multiplizierten jeden Bestandteil einzeln: (12 x 4) + (12 x 2) + (12 x 1) = 48 + 24 + 12 = 84. Sie benutzten sehr häufig Brüche, vor allem solche mit dem Zähler 1.

Die Wissenschaften

Schreiber und Schreibkundige waren in Ägypten wegen des hohen praktischen Nutzens dieser Fertigkeit sehr angesehen.
Insgesamt neigten die Ägypter wenig zu abstraktem Denken. Das Handeln dieser praktisch veranlagten Menschen gründete auf Erfahrung: Die Wissenschaft diente nicht dazu, bekannte Erscheinungen mittels mathematischer Gesetze zu erklären; vielmehr bemühte man sich, sichere und erprobte »Rezepte« zu finden und für den späteren Wiedergebrauch festzuhalten.
Die Ägypter waren also eher Techniker als Wissenschaftler, auch wenn man ihnen im Hinblick auf die großartigen Baudenkmäler umfangreiche Kenntnisse zuschreibt: In Wirklichkeit änderten die Architekten während des Baus ihre Pläne recht häufig.

DIE MEDIZIN

Über die Ursachen von Krankheiten gab es bei den Ägyptern keine genauen Vorstellungen, wie medizinische Abhandlungen auf Papyri zeigen; Leiden wurden mit Methoden behandelt, die sich bewährt hatten. Manche davon erinnern allerdings an Quacksalberrezepte, beispielsweise das »Haarwuchsmittel für Kahlköpfige«, oder sie beruhen auf Zauberei. Andere klingen

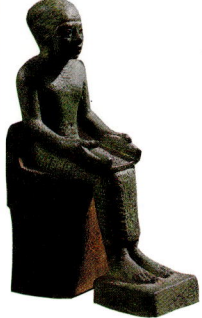

vielversprechend, so eine Inhalation gegen Husten: »1/32 Tiama-Pflanze, ebensoviel Dattelbrei; fein zerstampfen und kochen. Den Dampf einen Tag lang durch ein Schilfrohr einatmen.« Wir wissen, daß die alten Ägypter ausgezeichnete Kenntnisse und Methoden in der Knochenchirurgie hatten. Der Wissenschaftler **Imhotep,** ein Ratgeber des Königs **Djoser,** wurde noch Jahrhunderte nach seinem Tod als Gott der Heilkunst verehrt.

GEWICHTE

Das am längsten benutzte Gewicht war der **»deben«** (etwa 90 g); die alten Ägypter verwendeten Balkenwaagen (unten).

Steingewichte und Bronzegewicht in Form eines Kaninchens (oben).

ZEITMESSUNG

Die **Klepshydra** (Wasseruhr) wurde bei Sonnenuntergang mit

Wasser gefüllt. Das Wasser lief durch ein kleines Loch im Boden langsam aus. Wenn der Wasserspiegel die erste Marke an der Innenwand erreicht hatte, begann die zweite Stunde der Nacht. Zwölf

verschiedene Skalen entsprachen der jahreszeitlich bedingten unterschiedlichen Länge der Nacht.

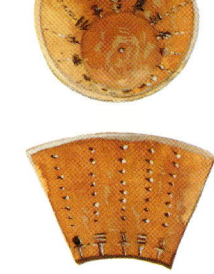

Tagsüber zeigte der **Gnomon** (Schattenstab, unten) die Stunde an. Dabei wanderte der Schatten eines Stabes über eine schiefe Ebene. Es genügte, das Instrument waagerecht aufzustellen.

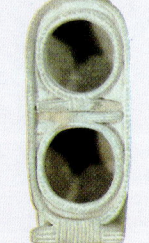

SCHNEIDEMESSER UND PAPYRUSGLÄTTER dienten zur Vorbereitung des Blattes.

THOT, der Gott des Mondes, hatte manchmal die Gestalt eines Pavians, manchmal die eines **Ibis** oder eines Menschen mit Ibiskopf. Für die Ägypter war er der Hüter der Geheimnisse der Schrift; er gab den Schreibern die richtigen Worte ein. Diese kleine Statue wurde ihm von **Horhotep**, dem Sohn des **Padibastet**, geweiht.

Die Hieroglyphenschrift

Das Altägyptische ist eng mit dem modernen Arabisch und dem Hebräischen verwandt; es gehört zu den semitischen Sprachen. Im Gegensatz zu diesen beiden Sprachen hat das Altägyptische aber kein Alphabet, sondern wurde in einer Mischung aus phonetischen Zeichen (ein Zeichen = ein Laut) und Ideogrammen (ein Zeichen = ein Begriff) geschrieben. Das ergab etwa 700 Hieroglyphen. Wegen des sehr wirklichkeitsnahen Aussehens (Vögel, Schlangen, Menschen, Gegenstände) glaubten die Wissenschaftler lange Zeit, die Zeichen hätten symbolische Bedeutung. Der französische Ägyptologe Jean François Champollion entdeckte im Jahr 1822 den wahren Sachverhalt.

SCHREIBGERÄT
Geschrieben wurde mit Binsen und schwarzer Tinte (bei Kapitelanfängen mit roter). Der Tintenfarbstoff war zu Tabletten gepreßt und mußte vor Gebrauch in Wasser aufgelöst werden. Rote Tinte wurde aus Ocker gewonnen, schwarze aus Ruß.

Papyrusrollen und Schreibmaterial wurden in einer Truhe aufbewahrt.

SCHREIBER BEI DER ARBEIT
Im Schneidersitz, die Papyrusrolle auf den Knien, wartet der Schreiber auf das Diktat. Während er schreibt, rollt er mit der linken Hand den Papyrus weiter.

Die Hieroglyphenschrift entstand um 3200 v. Chr. und hielt sich ohne große Veränderung bis ins 3. Jahrhundert n. Chr. Die schönen Zeichen eigneten sich bestens für alle Arten von Aufschriften: auf Tempeln, Stelen, Gräbern, Statuen und vielen anderen Gegenständen. In der Regel wurde sie für religiöse oder offizielle Texte benutzt. Da die Hieroglyphen für den täglichen Gebrauch zu unpraktisch waren, verwendeten die Schreiber schon bald stark vereinfachte Zeichen, die »hieratische« Schrift. Sie wurde bei weitem am meisten benutzt – für Verwaltungsdokumente, Abrechnungen und Briefe. Die Schreiber schrieben mit schwarzer oder roter Tinte auf Papyrus, Stein oder Tonscherben.

Diese königliche Depesche ist in offizieller **hieratischer Schrift** abgefaßt. Geschrieben wurde immer von rechts nach links. Manche Zeichen (erste Zeile) ähneln noch stark ihren Vorbildern, den Hieroglyphen.

EIN KUNSTWERK
Schrift kann zum Kunstwerk werden, wie diese Hieroglyphen zeigen. Jedes Ding oder Tier symbolisiert einen Laut; zusammen ergeben sie Wörter. Diese Inschrift stammt von einer Königspyramide.

PAPYRUSHERSTELLUNG
Papyrus wuchs im Dickicht am Nilufer und im Delta.

Aus dem Stengel schnitt man Streifen von gleicher Länge.

Die wassergetränkten Streifen wurden nebeneinandergelegt; darüber kam eine zweite Schicht.

Mit Hammerschlägen wurden die beiden Schichten aufeinandergeklopft.

Schließlich wurde die Oberfläche geglättet. Nach dem Trocknen erhielt man ein hellbraunes Blatt.

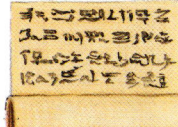

Diese Blätter wurden aneinandergeklebt und aufgerollt. Die Rollen konnten waagrecht oder senkrecht beschrieben werden.

DER SINUHE-ROMAN
Dieser große Klassiker der ägyptischen Literatur erzählt die Abenteuer des Hofbeamten Sinuhe, der zur Zeit des Königs **Sesostris I.** aus politischen Gründen nach Syrien fliehen muß. Der Text ist von rechts nach links in Zeilen und Spalten geschrieben.

BUCHHALTER-PAPYRUS
Die drei Spalten enthalten von rechts nach links das Datum sowie Art und Menge des Produkts.

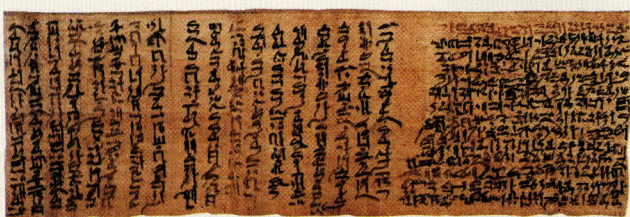

Montuemhat, Bürgermeister von **Theben,** erlebte nacheinander den letzten äthiopischen König, die Plünderung der Stadt durch die **Assyrer** (um 664 v. Chr.) und die Rückkehr der ägyptischen Könige mit **Psammetich I.**

Die letzten, wesentlich weniger respektvollen persischen Herrscher zogen sich allerdings die Verachtung der Ägypter zu.

Die fremden Pharaonen

Im ersten Jahrtausend vor Christus verlor Ägypten seine Unabhängigkeit. Zunächst rissen libysche Familien die Macht an sich. Dann eroberten die äthiopischen Könige Ägypten. Ihre Residenz war Napata in Nubien. Nachdem einige Generationen lang wieder ägyptische Könige geherrscht hatten, verleibte der Perserkönig Kambyses Ägypten seinem großen Reich ein. Schließlich kamen die Griechen und die Römer. Die Eindringlinge konnten indes die ägyptische Kultur nicht grundlegend verändern: Die Könige der Eroberer übernahmen stets die Rolle des Pharaos, legten seine Gewänder an, schrieben ihre Königsnamen in Kartuschen (ovale Rahmen) und verehrten bei Kultzeremonien oder auf Tempelbildern die Götter.

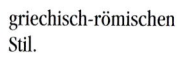

Münze von **Ptolemaios I.**

Der Perserkönig **Darius I.** (522–486) zeigte großen Respekt für die Religion und die Kultur der Ägypter. Hier steht sein Name in Hieroglyphen in einer Kartusche (ein ovaler Rahmen); dies setzt ihn mit dem Pharao gleich.

Auf dieser großen Stele ist der Assyrer **Asarhaddon** mit zwei sehr kleinen Gefangenen abgebildet: Der erste ist **Taharka,** König von Ägypten und Nubien. Tatsächlich fielen im Jahr 671 v. Chr. die Assyrer in Ägypten ein und eroberten **Memphis** und seinen Palast. König Taharka wurde allerdings nie gefangengenommen; er war nach Süden geflohen.

Kleopatra VII., die letzte Erbin der Dynastie der Ptolemäer, verbündete sich nacheinander mit den Römern **Julius Cäsar** und **Marcus Antonius,** denen sie den Traum eines orientalischen Reichs vorgaukelte. Links ist sie als Pharaonin dargestellt, unten im

griechisch-römischen Stil.

Drei Jahrhunderte lang regierte die von einem General Alexanders abstammende Dynastie der Ptolemäer Ägypten. Oben ein Porträt von **Ptolemaios VIII.** als Pharao.

Der Tempel von **Edfu** wurde unter den Ptolemäern wieder aufgebaut. Die Römer, die sich auf eine Stufe mit den Pharaonen stellen wollten, vollendeten den Bau.

»Alexandria bei Ägypten«

Unter den Ptolemäern, einer Dynastie griechischer Herkunft, und später unter den Römern waren Macht und hohe Ämter in den Händen einer griechischen Minderheit.

Die damalige Hauptstadt Alexandria war nach griechischem Vorbild erbaut und wurde nicht eigentlich als ägyptische Stadt angesehen: Um sie von den anderen, von Alexander dem Großen gegründeten Städten gleichen Namens zu unterscheiden, sagte man »Alexandria bei Ägypten« und nicht »Alexandria in Ägypten«. Seine früher in der ganzen Welt berühmten Baudenkmäler wie die Bibliothek und der Leuchtturm, der als eines der Sieben Weltwunder galt, stehen heute nicht mehr.

Vom unerschütterlichen Glauben der Ägypter an ein Leben nach dem Tod beeindruckt, übernahmen die Griechen bald deren Götter und Begräbnisbräuche. Sie ließen sich nach den alten ägyptischen Ritualen einbalsamieren und beisetzen. Ihr Grabschmuck erflehte die Hilfe des Totengottes Osiris, seiner beiden Schwestern Isis und Nephthys und von Anubis, dem Gott der Einbalsamierung und Herr der Totenstadt.

BERICHTE GRIECHISCHER BESUCHER Herodot, ein griechischer »Berichterstatter« und Geschichtsschreiber des 5. Jh. v. Chr., berichtet: »Die Bewohner des Gebietes von Theben und desjenigen des Möris-Sees halten die [Krokodile] für heilig. In jedem dieser beiden Gebiete wird ein ausgewähltes, gezähmtes Krokodil gehalten. An den Ohren tragen diese Krokodile Gehänge aus künstlichen Steinen oder aus Gold, an den Vorderbeinen Schmuckreifen. Man gibt ihnen ein bestimmtes Futter und wirft ihnen Opfer vor; in jeder erdenklichen Weise kümmert man sich um ihr Wohlergehen. Sind sie tot, so bestattet man sie einbalsamiert in heiligen Särgen. Den Bewohnern des Gebietes von **Elephantine** hingegen sind die Krokodile so wenig heilig, daß sie sie essen.«

Vor der Entschlüsselung der Hieroglyphen durch **Champollion** beruhte unsere Kenntnis von Ägypten während der Pharaonenzeit weitgehend auf häufig klischeehaften Berichten griechischer Besucher. Diese geben jedoch nur einen Eindruck vom Ägypten der griechischen Zeit (seit 322 v. Chr.) wieder, das sich stark vom Ägypten der vorhergehenden Jahrtausende unterschied.

MUMIENMASKE einer Ägypten-Griechin (3. Jh. n. Chr.); sie besteht aus bemaltem Gips. Die Kleidung ist römisch, die Gesichtszüge sind im ägyptischen Stil gehalten.

BEMALTES LEICHENTUCH EINER MUMIE (3. Jh. n. Chr.). Der Tote ist nach griechisch-römischer Art im Dreiviertel-Profil und mit leichtem Hüftknick dargestellt. Im Gegensatz dazu sind die beiden Götter **Osiris** (links) und **Anubis** (rechts) im ägyptischen Stil von vorne oder im Profil gemalt.

ARBEITSSCHRITTE BEI EINER ARCHÄOLOGISCHEN AUSGRABUNG

Die einzelnen Bodenschichten werden sorgfältig abgetragen und untersucht. Alle Informationen, aufgrund derer sich Aufeinanderfolge und Art menschlicher Tätigkeiten an einem bestimmten Ort rekonstruieren lassen (dies ist Aufgabe der **Stratigraphie** oder Schichtenkunde), werden sichergestellt. Die Freilegung erfolgt mit Hacken, Spachteln und Pinseln. Ergänzend kommen Fotografie, Zeichnung, Markierung und die Lagerung von Funden hinzu. Für Pläne und Schnitte sind erfahrene Architekten notwendig.

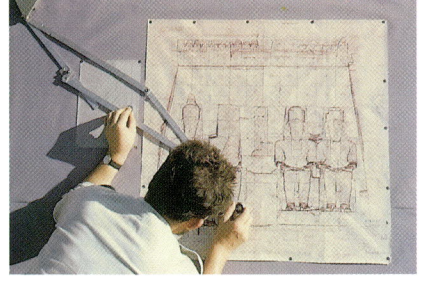

Die Archäologie in Ägypten

Mit Erlaubnis der ägyptischen Altertümerverwaltung arbeiten internationale Ägyptologenteams an den großen Ausgrabungsstätten im Niltal.

Während sich die Ausgrabungstechnik im Lauf der Zeit wenig verändert hat, haben sich die Methoden der Suche nach unentdeckten Bauwerken durch die elektromagnetische Bodenmessung verändert. Zur Auswertung der Daten werden auch Computer benutzt.

DER EINSATZ VON COMPUTERN

Archäologie ist auch kontrollierte Zerstörung; bei der Bestimmung und genauen Lagebezeichnung der Funde müssen die Wissenschaftler deshalb mit besonderer Sorgfalt verfahren. Mit Hilfe einer vor Beginn der Ausgrabung vorgenommenen Einteilung des Grabungsfelds in Quadrate wird die Lage jedes Fundgegenstands festgehalten. Elektromagnetische Bodenmessungen (oben) helfen dem Archäologen bei der Wahl der Ausgrabungsstelle. Die Funde werden durch Computersimulationen (unten) ergänzt, die bei der Auswertung eine wertvolle Hilfe sein können.

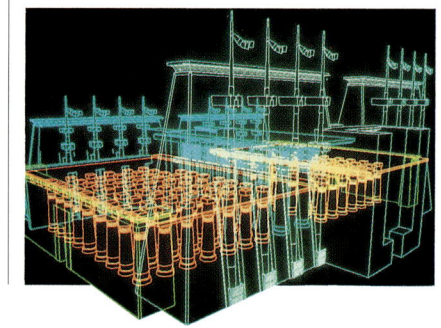

Diese Computergrafik zeigt einen neueren Fund aus dem Jahr 1989: Die Pyramiden der Gemahlinnen des Königs **Pepi I.**

Die ersten Griechen

Die ersten Griechen traten um 2000 v. Chr. auf. Es handelte sich um indogermanische Einwanderer, von denen die Mykener abstammten.

Die früheren Epochen bezeichnet man als »prähellenische« (da es sich um nicht-griechische Völker handelte) oder »ägäische« Kultur (benannt nach dem Ägäischen Meer).

Lebensweise und Techniken der ägäischen Kultur sind von den Völkern des Vorderen Orients und von den Ägyptern beeinflußt.

Dieser Marmorkopf gehörte zu einem nackt und mit gekreuzten Armen dargestellten Frauenbildnis. Es stammt von der Insel **Amorgos** und entstand etwa um 2500 v. Chr.

Links das »**Frühlingsfresko**«, zwischen 1600 und 1500 v. Chr. für ein Haus auf der Insel **Thera** gefertigt. Ganz links ein mykenischer **Rhyton**, ein Goldgefäß in Form eines Löwinnenkopfes (um 1550 v. Chr.).

Die Gefäße aus der Jungsteinzeit ahmten die Form von Gefäßen aus dem Orient nach. Dieses bauchige Gefäß stammt aus **Thessalien**.

DIE INSEL ZYPERN

erlebte zwischen 3000 und 2000 v. Chr. dank ihres Kupferreichtums eine Blütezeit. Solche eigenartig geformten Vasen finden sich sonst nirgends im ägäischen Raum.

Die ägäische Kultur

Gegen 4000 v. Chr. trat die ägäische Welt in die Jungsteinzeit ein. Der Mensch hatte gelernt, die Natur zu beherrschen. Er hielt sich Haustiere, betrieb Ackerbau und ließ sich in Siedlungen nieder, die mehrere Häuser umfaßten. Die neue Lebensweise hatten wandernde Stämme aus dem Osten gebracht: Die Umwälzungen der Neolithischen Revolution hatten in Ägypten und im Vorderen Orient schon Jahrtausende vorher stattgefunden. Während die Menschen der ägäischen Welt noch auf einer vorgeschichtlichen Stufe lebten, beherrschten die Ägypter und die Völker des Vorderen Orients bereits die Schrift und besaßen eine hochentwickelte politische, wirtschaftliche und gesellschaftliche Gliederung.

Auch die Kunst der Metallbearbeitung brachten wandernde Stämme um 3200 v. Chr. in den ägäischen Raum. Diese Stämme waren durch die anatolische Hochebene bis nach Troja gezogen – die Archäologen haben die Rolle dieser Stadt als Handelsknotenpunkt nachgewiesen. Von dort aus gelangten sie zu den Inseln im Ägäischen Meer. Die Kykladeninseln traten als erste in die Bronzezeit ein. Zunächst arbeiteten die Handwerker nur mit Kupfer. Später entwickelten sie die Technik der Legierungen und erlernten die Herstellung von Bronze aus Kupfer und Zinn. Mit der Möglichkeit, Dolche, Lanzenspitzen und Werkzeuge anzufertigen, ging eine Veränderung des täglichen Lebens einher. Ein bevorzugtes Material für Skulpturen war der Marmor, der auf den Kykladen in großen Mengen vorkommt. In sorgfältiger, langwieriger Arbeit schufen Künstler Figuren und Gefäße in den verschiedensten Formen.

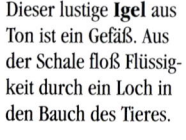

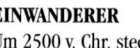

Die ägäische und später die griechische Kultur entwickelten sich in einem Gebiet, das weit größer war als das heutige Griechenland. Die Inseln im **Ägäischen Meer** erhielten in der Antike den Namen **Kykladen**, da sie, wie man meinte, einen Kreis (griechisch: *kyklos*) um die Insel **Delos** bildeten.

Dieser lustige **Igel** aus Ton ist ein Gefäß. Aus der Schale floß Flüssigkeit durch ein Loch in den Bauch des Tieres.

EINWANDERER

Um 2500 v. Chr. steckte die Navigation noch in den Anfängen. Das Meer zwischen den ägäischen Inseln konnte man aber befahren, ohne jemals das Land aus den Augen zu verlieren. Einwanderer aus dem Osten eroberten so ohne große Anstrengung mit ihren zerbrechlichen Booten die Ägäis und ließen sich auf verschiedenen Inseln nieder. Den bereits dort ansässigen Völkern gaben sie ihre technischen Kenntnisse weiter.

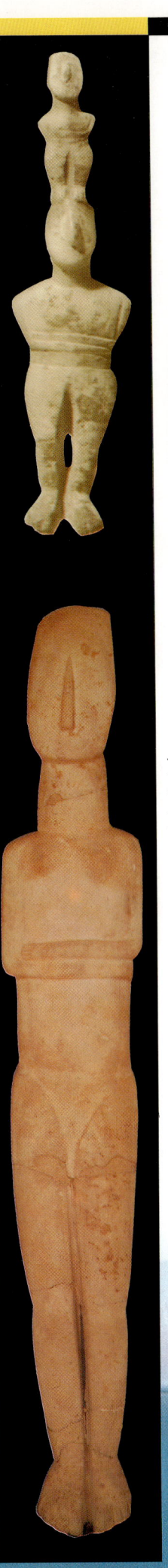

DIE KYKLADEN-IDOLE

Mehr als Trinkgefäße, Kästchen mit Deckeln und Becher mit trichterförmigem Fuß verleihen die **Marmorstatuetten** der Kykladenkultur ihren einzigartigen Charakter. Die einfachsten Statuetten sind nur wenige Zentimeter hoch. Ihre Form erinnert ein

wenig an die von Violinen; deshalb heißen sie auch **Violinidole.** Die größten sind bis zu 1,50 m hoch.

Die Statuetten sind nicht ausschließlich Frauenfiguren. Bewaffnete Krieger und Flöten- oder Harfenspieler zeigen, daß sich die Künstler auch für Darstellungen von Männern interessierten. **Kykladenidol** ist der Sammelname für diese Figurinen; wir wissen aber nicht, ob sie wirklich Gottheiten darstellten. Oben: Idolfigur einer Göttin mit zwei Trägern.

Aus Gräbern und Häusern auf den Kykladen hat man eine Vielzahl von Gegenständen geborgen. Die Hochkultur, die sich hier entwickelte, kannte jedoch noch keine Schrift. Es gibt also keinerlei schriftliche Zeugnisse, die Aufschluß über Glauben, Religion oder Gesellschaft der Menschen auf den Kykladen geben. Über Art und Zweck mancher Gegenstände sind sich die Archäologen nicht im klaren. Was haben wohl die Tongefäße zu bedeuten, die aus vielen kleinen Bechern bestehen? Wurden sie für religiöse Handlungen benutzt? Zu welchen Göttern beteten die Menschen? Sie waren besonders stark den Launen der Natur ausgesetzt – wollten sie eine gefürchtete Gottheit besänftigen und eine gute Ernte erbitten, indem sie in den Bechern die ersten von den Feldern geernteten Körner opferten?

Um dem Körper ebenmäßige Formen zu geben, brachte der Künstler mit einem Zirkel auf dem Marmorblock Markierungen an. Hier wurde bereits eine Geometrie mit gleichseitigen und rechtwinkligen Dreiecken, ja sogar mit Ergänzungswinkeln benutzt! Die Idole stellen meistens Frauen mit verschränkten Armen und eng aneinandergepreßten Beinen dar. Manche tragen noch Spuren von Bemalung.

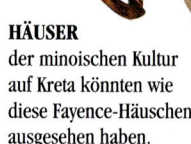

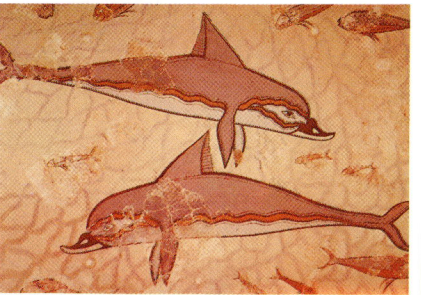

MEERESMOTIVE aus den königlichen Werkstätten von Knossos wurden von den **Myke-** **nern** übernommen, wie diese mit einem Tinten-fisch geschmückte Am-phore aus **Argolis** zeigt.

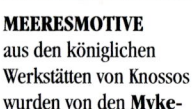

Knossos

Seine Blütezeit erlebte der Palast von Knossos auf der Insel Kreta zwischen 1600 und 1400 v. Chr. Er bestand aus einem 150 m langen und 100 m breiten Bautenkomplex. Wie bei allen kretischen Palästen waren auch hier die wichtigsten Räume, vor allem die Kulträume, um einen großen Hof herum gruppiert. Auf Kreta gab es keine Tempel; die Götter verehrte man im Freien, in Höhlen oder im Palast. Der Palast war nicht durch Mauern geschützt – dies sollte sich bei den Mykenern ändern. Das Innere des Palastes war in heiteren Formen und Farben geschmückt. Die Fresken zeigten Prozessionen, religiöse Feste und Naturszenen, in denen manchmal Delphine oder Wildgänse in den Sümpfen dargestellt waren.

Um 2500 v. Chr. kamen steinerne, mit Sand oder Schmirgel geschliffene Gefäße auf.

Die kleine Deckelvase ganz oben ist aus **Steatit,** einer Art Porzellan, der Krug links aus **Alaba-** **ster.** Die minoischen Künstler verstanden sich darauf, Eigenheiten des Materials herauszuar-beiten. Unten: Männer in kretischer Tracht. Sie tragen prächtigen Schmuck. Der Mann mit dem Zepter ist vielleicht ein Fürst.

Sie hatten bereits mehrere Stockwerke.

Die minoische Kultur

Etwas später als auf den Kykladen entwickelte sich die kretische Kultur der Bronzezeit in drei Phasen, die nach dem legendären König Minos »minoisch« genannt werden.

In der frühminoischen Periode (2700–2000 v. Chr.) entstanden, begünstigt durch die geographische Lage der Insel, Verbindungen zum Vorderen Orient. Die Menschen übernahmen zahlreiche Handwerkstechniken für die Herstellung von Steingefäßen, Siegeln und Goldschmuck. Die großen Zentren lagen im Osten der Insel. Bemerkenswerte Funde wurden auch auf der kleinen Insel Mochlos gemacht.

In der mittelminoischen Periode (2000–1750 v. Chr.) wurden die Handelsbeziehungen ausgebaut; Kreta erlebte eine Blütezeit. In Knossos, Mallia und Phaistos wurden die ersten Palastanlagen erbaut – Zeugen der Lebenskraft der minoischen Kultur. Künstler schufen Tonfigurinen wie den sich an die Brust schlagenden »Betenden« (oben rechts).

Die Gestaltung der Konturen war den Künstlern wichtiger als Ähnlichkeit mit dem Vorbild. In der minoischen Zeit entstanden keine großen Skulpturen, aber sehr schöne, sorgfältig gearbeitete Zier- und Schmuckgegenstände.

Zu Beginn der spätminoischen Periode (1750–1400 v. Chr.) wurden die durch Erdbeben und Kriege zerstörten Paläste wiederaufgebaut, vergrößert und verschönert. Zeitgleich mit der 18. Dynastie in Ägypten erlebte der Palast von Knossos die Zeit seiner höchsten Blüte und Pracht.

An den Wandfresken lassen sich bestimmte Stileigentümlichkeiten ablesen: Es gibt keine Schatten, keine Perspektive; die Haut der Männer ist braun, die der Frauen weiß. Die Gemälde dienten nicht nur der Dekoration, sondern hatten eine religiöse Bedeutung.

Um 1450 v. Chr. wurde Knossos vermutlich von den Mykenern besetzt. Dies ist vielleicht der Grund für die zunehmende Stilisierung der Motive auf Ringen oder Gefäßen. Um 1400 v. Chr. wurde der Palast von Knossos verlassen.

»SCHLANGENGÖTTIN«
Diese im Palast von Knossos gefundene Statuette hält Schlangen in den Händen. Auf ihrer Kopfbedeckung sitzt eine Art Katze. Vielleicht handelt es sich um eine Priesterin oder um eine Göttin der Mutter Erde.

FRESKO AUS KNOSSOS
Der Kopf dieser koketten jungen Frau (»die Pariserin«) ist im Profil gemalt, das Auge von vorn.

GOLDSCHMIEDEKUNST
Die ältesten minoischen Schmuckstücke (um 2300 v. Chr.) stammen von der Insel Mochlos. Sie bestehen aus dünnen Goldplättchen. Ein Beispiel ist dieser Haarschmuck.

Die **Bienen von Mallia** (um 1800 v. Chr.) tragen eine Honigwabe. Die winzigen Goldkörnchen am Rand stehen in reizvollem Kontrast zu den glatten Flächen und zeigen eine verfeinerte Technik.

»Betende«
Die Hände zur Brust zu führen oder eine Hand an die Stirn zu legen – dies waren zwei Arten, eine Gottheit anzubeten oder zu grüßen: Statuetten aus Ton (oben) und aus Bronze (rechts).

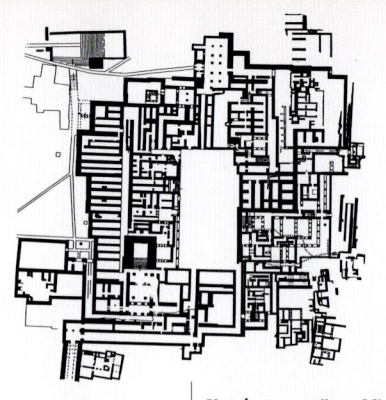

Ungeheuer zu töten. Mit Hilfe des Fadens, den ihm die Königstochter **Ariadne** gegeben hatte

und den er in den Gängen des Palastes ausrollte, fand er nach seinem Sieg über den Minotaurus den Weg zurück.

DARSTELLUNGEN DES LABYRINTHS UND DES MINOTAURUS

DER ARIADNEFADEN
Der Grundriß des Palastes von Knossos ist kompliziert. Die verschachtelte Lage der Säle und Korridore war vielleicht Ursprung der Sage vom **Labyrinth,** in dem der schreckliche **Minotaurus** hauste. **Pasiphaë,** die Gattin des Königs **Minos,** hatte sich in einen weißen, vom Gott **Poseidon** geschick-

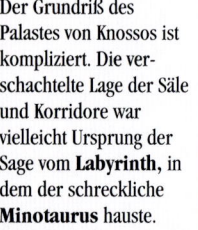

ten Stier verliebt. Sie gebar ein Ungeheuer mit Menschenkörper und Stierkopf, das sich von Menschenfleisch ernährte. König Minos beauftragte **Dädalus,** einen riesigen Palast – das Labyrinth – zu erbauen, um dort den Minotaurus verstecken zu können. Jedes Jahr wurden sieben junge Männer und sieben Mädchen aus **Athen** dem Minotaurus zum Fraß vorgeworfen. Schließlich beschloß **Theseus,** das

Ein großer Hof war der Mittelpunkt des Palastes von Knossos. Hier fanden die religiösen Feiern und großen Feste statt, zu denen der König seine Untertanen lud. Häufig fanden Wettkämpfe statt: Junge Männer maßen sich mit Stieren oder vollführten auf den Tieren akrobatische Kunststücke. Der Stier spielte in der kretischen Religion zweifellos eine bedeutende Rolle.

Die Vorführungen der jungen Männer waren gefährlich. Von einer Plattform aus stürzten sie sich auf die Stiere und packten sie an den Hörnern. Sie stützten sich an den Flanken der Tiere ab und ließen sich dann zu Boden fallen. Ein Fresko aus dem Palast von Knossos stellt den Bewegungsablauf dar (links). Wie auch in der ägyptischen Kunst, unterschieden sich die jungen Männer von den Mädchen durch die dunklere Haut.

Die Katastrophe von Thera

Auf der Kykladeninsel Thera (heute Santorin) gab es zwischen 4600 und 1500 vor unserer Zeitrechnung Wohlstand und eine der kretischen vergleichbare Kultur. Die Menschen wohnten in bequemen Häusern und lebten von Landwirtschaft, Tierzucht, Fischfang und vom Handel mit Nachbarländern.

Aber Thera war eine Vulkaninsel. Erste Anzeichen der Gefahr veranlaßten ihre Bewohner, sie überstürzt zu verlassen. Nach einer längeren Ruheperiode des Vulkans kehrten einige zurück, um ihre durch ein Erdbeben teilweise zerstörte Stadt wiederaufzubauen; Trümmer wurden weggeräumt, Mauern und Häuser instand gesetzt. Der Vulkan hatte sich allerdings nur scheinbar beruhigt! Ein erneuter Ausbruch vertrieb die noch mit dem Wiederaufbau beschäftigten Menschen, und dieses Mal kehrten sie nicht zurück. In der Eile konnten sie nur ihren kostbarsten Besitz mitnehmen. In den verlassenen Häusern blieben die Gegenstände des täglichen Lebens zurück: Getreidemühlen, Gewichte zum Spannen der Kettfäden von Webstühlen, Werkzeuge und Küchengeräte. Zur großen Katastrophe kam es um 1500 v. Chr.: Der ganze Vulkan explodierte. Der mittlere Teil der Insel versank; Akrotiri an der Südwestküste wurde unter einer meterhohen Schicht aus Asche und Bimsstein begraben.

Durch aufsehenerregende Ausgrabungen in Akrotiri wurden die Geheimnisse Theras entdeckt. Bestimmte Gegenstände zeigen kretischen Einfluß, andere unterstreichen den eigenen Stil der Bewohner von Thera, die auf ihren Fresken und Vasen – im Gegensatz zu den kretischen Künstlern – keine Idealbilder der Natur darstellten: Die Delphine, Schwalben, Krokusblüten oder Trauben sind so dargestellt, wie sie in Wirklichkeit aussahen.

ATLANTIS

Der griechische Philosoph **Platon** berichtet von der sagenhaften Insel Atlantis. Diese sei so groß wie ein Kontinent gewesen, »größer als Libyen und Asien zusammen«, und »außerhalb der Meerenge« (von Gibraltar?) gelegen. Sie habe alle Reichtümer der Erde besessen. Die **Atlantiden**, Abkömmlinge des Gottes Poseidon, hätten eines Tages Krieg mit Athen begonnen, diesen aber verloren. »Dann gab es heftige Erdbeben und Überflutungen; die Insel Atlantis versank im Meer.«

EINE UNVOLLSTÄNDIGE SAGE

Noch geheimnisvoller wird die Sage von Atlantis durch den Umstand, daß der »Kriteas« (der zweite Dialog Platons, in dem von der Insel die Rede ist) nicht vollständig erhalten ist. Er endet mit dem Niedergang der Atlantiden und der Züchtigung, die **Zeus** ihnen zudachte: »Er rief alle Götter zu sich ... und als sie gekommen waren, sprach er zu ihnen ...« Der Satz ist unvollendet. Indes – hatte Platon überhaupt weitergeschrieben?

In **Pierre Benoits** Roman »Atlantis« (1919) gibt es dieses Ende. Zusammen mit den Überresten von Atlantis finden seine Helden mitten in der **Sahara** den vollständigen Dialog Platons.

Der Ausbruch des Vulkans auf **Thera**, der den größten Teil der Insel zerstörte, hat vielleicht zu der Sage von Atlantis geführt.

DIE STADT UNTER DER ASCHE

Bei den 1967 begonnenen Ausgrabungen in **Akrotiri** hat man die Überreste einer Stadt entdeckt. Wie in Pompeji wurden ein- bis dreistöckige Häuser mit Treppen aus Holz oder Stein freigelegt. In die Lehmmauern eingebaute Tonröhren leiteten die Abwässer in die Kanalisation unter den Straßen. Tür- und Fensterrahmen waren aus Stein. Im Erdgeschoß befanden sich Werkstätten und Läden, wo in großen Tonkrügen verderbliche Lebensmittel lagerten. In den oberen Stockwerken befanden sich die Wohnräume. Die Archäologen haben dort Gefäße und Möbel gefunden.

Nach dem verheerenden Vulkanausbruch auf Thera gingen Aschenregen auch auf den Feldern von Kreta nieder, und eine Flutwelle erfaßte die Insel. Wissenschaftler sind der Ansicht, daß die Katastrophe von Thera wesentlich zum Untergang der minoischen Kultur beigetragen und den Aufstieg von **Mykene** begünstigt hat.

GRIECHENLAND
Ägäisches
Meer
TÜRKEI
Attika
Peloponnes
Kykladen
THERA
Mittelmeer
0   100 km
KRETA

DIE SCHOCKWELLE der Explosion von Thera in der Ägäis.

VERÄNDERUNGEN DER INSEL THERA

Zunächst trug die runde Insel Thera den Namen **Strongyle** (vom griechischen *stroggylos*, rund). Vor dem Ausbruch war der – heute noch tätige – Vulkan über 1500 m hoch.

Nach dem Ausbruch bildete sich ein großer Krater (»**Caldera**«). Der Vulkankegel versank im Meer, wodurch die Insel eine halbkreisähnliche Form erhielt.

Die Explosion schleuderte 60 km³ Material aus dem Erdinnern in die Luft! Die Ascheschicht war bis zu 40 m hoch.

Später strömte Lava aus und bildete mit den übriggebliebenen Inselteilen **Therasia** und **Aspronisi** die Inselgruppe von **Santorin**.

In jedem Haus war mindestens ein Zimmer mit Fresken geschmückt, die Szenen des täglichen Lebens darstellten.

Auf einer Wand kehrt ein junger Mann vom Fischzug zurück (unten); auf einer anderen läuft eine Kriegsflotte aus (oben).

THE ILLUSTRATED LONDON NEWS

Die Mykener

Gegen Ende der Bronzezeit (1600–1100 v. Chr.) war die mykenische Kultur eine der höchstentwickelten im Mittelmeerraum. Ein Grund für diese Blüte war der Handel. Die Verwaltung der gut organisierten Gesellschaft kennen wir von Tausenden von Tontafeln, die in der kretisch-mykenischen Silbenschrift »Linear B« beschriftet sind. Fortgeschrittene technische Kenntnisse ermöglichten den Bau von Brücken, Burgen, Tholosgräbern (runde Kuppelgräber) sowie von Be- und Entwässerungsanlagen. Im Bereich von Kunst und Religion war die mykenische Kultur zunächst von Kreta beeinflußt, doch finden sich durchaus auch eigenständige Züge. Die Mykener hatten eine Vorliebe für mächtige, geordnete Bauten. Ihre kriegerische Natur zeigt sich in ihren Waffen und Ausrüstungsgegenständen, die man in den Gräbern gefunden hat.

ODYSSEUS...
»Aber Meriones gab dem Odysseus Bogen und Köcher samt dem Schwert und bedeckte des Königs Haupt mit dem Helme, auch aus Leder geformt; inwendig mit häufigen Riemen wölbt' er sich straff durchspannt, und auswärts schienen die Hauer von weißzahnigem Schwein und starreten hiehin und dorthin, schön und künstlich gereiht, und ein Filz war drinnen befestigt.« (Homer, *Ilias* X., 260–265).

IN MYKENE
regierte – nach der Überlieferung von **Homer** – König **Agamemnon.** Der Stich oben zeigt das **Löwentor.** Es verdankt seinen Namen einem 3 m hohen Relief über dem Türsturz. Zwei Löwinnen flankieren eine Säule, die vielleicht die Schutzgöttin des Palastes symbolisiert. Durch dieses Tor gelangte man in eine Burganlage mit unregelmäßigem Grundriß (unten). Aufgrund ihrer erhöhten Lage (**Akropolis** = »hohe Stadt«) und ihrer gewaltigen Mauer (**»Zyklopenmauer«**) war die Burg nur schwer anzugreifen. Jeder Steinblock der Mauer wiegt etwa zehn Tonnen! Nur Riesen (**Zyklopen**) konnten sie aufeinandergetürmt haben, glaubten die Griechen.

In der Nähe des Eingangs befindet sich das **Schachtgräberrund.** Unweit davon wurden Kulträume freigelegt, die ein Prozessionsweg mit dem Palast verbindet. Dieser liegt am höchsten Punkt des Burgbergs. Wie alle mykenischen Paläste besitzt er ein **Megaron,** einen mit Portikus und Vestibül ausgestatteten Hauptraum mit Herdrund. Sein von vier Säulen getragenes Dach hatte in der Mitte einen Rauchabzug. Auch Läden, Werkstätten und Häuser befanden sich innerhalb der Mauern. Für die Wasserversorgung gab es eine Zisterne; im Fall einer Belagerung führte ein verdeckter Gang zu einem außerhalb der Mauer gelegenen Brunnen. Trotz seiner mächtigen Mauer wurde Mykene jedoch um 1150 v. Chr. zerstört.

TIRYNS
Das einige Kilometer von Mykene entfernt gelegene Tiryns hatte ebenfalls eine gewaltige Mauer, die eine Dicke von bis zu 12 m erreicht. Ihre Besonderheit waren die **Kasematten,** kleine Räume ganz rechts auf dem Plan. Sie waren mit Gewölben versehen und mündeten in einen im Innern der Mauer verlaufenden Gang. Im Fall einer Belagerung dienten sie als Speicher und als Schutzräume. Im Mittelpunkt der Rekonstruktionszeichnung erkennt man das Megaron mit den beiden Portikussäulen.

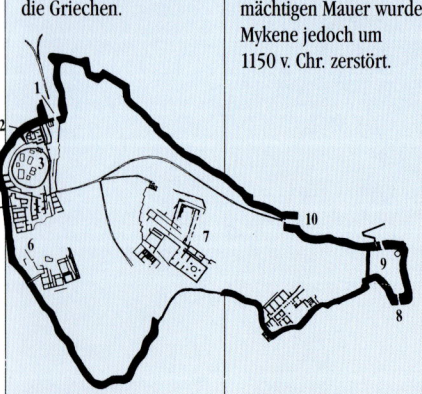

DIE BURGANLAGE VON MYKENE
1. Löwentor
2. Speicher
3. Schachtgräberrund A
4, 5, 6. Häuser
7. Palast
8. Ausfalltor
9. Gang zur Brunnenkammer
10. Nördliches Ausfalltor

Der Blütezeit der Jahre 1500–1300 v. Chr. folgte
eine Zeit der Wirren. Zu Lande mußten die
Befestigungen verstärkt werden. Zu Wasser
behinderten die Seevölker den Handel zwischen
Mykene und dem Vorderen Orient. Nach dem
Trojanischen Krieg (1184 v. Chr.) schwächten
Überfälle und Naturkatastrophen das Land. Die
mykenischen Burgen wurden zerstört.
Die Eisenzeit begann um 1050 v. Chr. Städte wie
Athen, die der Zerstörung entgingen, erlebten
aber erst drei Jahrhunderte später einen neuen
Aufschwung. Über die Straßen, die einst die
Mykener erbaut hatten, wurden die Verbindungen
mit dem Orient wiederbelebt.

**EIN REICHVER-
ZIERTER DOLCH**
In einem Grab des
Schachtgräberrunds A
von **Mykene** wurde
dieser Dolch gefunden.
Seine Bronzeklinge ist
mit Gold und nielliertem
Silber eingelegt: **Niello**
ist ein schwärzlicher
Schmelz, der den
Glanz edler
Metalle stärker
hervortreten läßt.
Auf der hier sicht-
baren Seite ist eine
Löwenjagd zu erken-
nen, die Jäger sind
mit Schilden in
verschiedenen
Formen
bewehrt.

**»DIE BRONZE-
GEKLEIDETEN
ACHÄER«**
Dieses Bild aus der
»**Ilias**« von Homer wird
durch den im Grab von
Dendra bei Argolis
gefundenen **Panzer**
bestätigt. Da er die
Fortbewegung zu Fuß
stark behindert hätte,
gehörte er sicher einem
vom Streitwagen aus
kämpfenden Fürsten.

Diese Rüstung wurde in
einer bereits recht hoch-
entwickelten Technik
gefertigt. Wie der dazu-
gehörige Helm aus
Wildschweinhauern war
sie ein Prunkgegenstand.

Die Belagerung Trojas

Die »Ilias« von Homer berichtet vom Trojanischen Krieg. Der trojanische Fürst Paris entführte die schöne Helena, Gattin des Spartaner-Königs Menelaos. Rache! Mit 1200 Schiffen segelten die Helden Agamemnons, des Königs von Mykene und Bruders von Menelaos, nach Kleinasien. Zehn Jahre lang belagerten die Griechen Troja, bis sie endlich den Sieg errangen. Die »Odyssee« besingt die Rückkehr des Odysseus nach Ithaka.

Heute steht ein neues hölzernes Pferd auf den Ruinen von Troja.

Unter Waffengeklirr dringen die Griechen in den Palast ein, in den König **Priamos** mit seiner Familie geflüchtet ist. Der Maler von **Brygos** hat die Geschichte der Zerstörung Trojas, die **Iliupersis**, auf einer Schale dargestellt. Der Grieche **Akamas** führt **Polyxene**, die Tochter des Priamos, fort. **Neoptolemos** schwingt den zuckenden Körper des kleinen Astyanax. Mit der Leiche des Enkels streckt er den Großvater, Priamos, nieder, der sich auf den Zeusaltar geflüchtet hat.

DAS TROJANISCHE PFERD war die Idee des »listenreichen« Odysseus. Um in das belagerte Troja zu gelangen, verbargen sich die griechischen Helden in einem hölzernen Pferd, »so hoch wie ein Berg. [...] **Epeos** machte die Beine des wunderbaren Pferdes. Dann baute er Bauch, Rücken und Kopf, an dem er eine lange, wehende Mähne befestigte. Zwei Edelsteine in den Augenlöchern ließen den Blick des Pferdekopfes lebendig erscheinen, die gespitzten Ohren schienen das Aufbruchssignal zu erwarten [...]«. Ein Orakel versprach den Trojanern den Sieg, wenn sie das Pferd ins Innere der Stadtmauern zögen. Trojas Tor öffnete sich. Dann sprangen die Griechen heraus, und das Blutbad begann. Griechen und Trojaner kämpften auf Leben und Tod. Schließlich erstürmten die Griechen den Königspalast.

Ein Trojaner bricht unter den Schlägen des Griechen **Hyperos** zusammen. **Kassandra**, Priamos' Tochter, flieht nach links. Am Boden liegt ein sterbender

Trojaner. Vergebens versucht **Andromache**, Witwe **Hektors** und Schwiegertochter des Priamos, ihren Sohn **Astyanax** mit einer Keule zu schützen.

WER WAR HOMER?
Die Überlieferung beschreibt ihn als blinder Dichter. Vor Homer gab es bereits mündlich überlieferte Dichtungen: Die »Odyssee« erwähnt die **Aöden**, fahrende Sänger, die bei Festmählern improvisierte Werke vortrugen. War auch Homer ein Aöde? Man

Schullektüre der jungen Griechen: Jeden Tag mußten sie lange Passagen aus seinem Werk auswendig lernen. Das Relief unten stellt die »**Apotheose Homers**« dar: Von Musen begleitet wird Homer zum Gott erhoben und geht ins ewige Leben ein. Homer hat das Trojanische Pferd nicht »erfunden«: Die berühmteste Episode der Zerstörung Trojas kam ursprünglich weder in der »Ilias« noch in der »Odyssee« vor! Seit dem 8. Jahrhundert v. Chr. rezitierten **Rhapsoden**, fahrende Dichter-Sänger, die Epen Homers

vermutet heute, daß er im 8. Jahrhundert v. Chr. in Kleinasien lebte, zu der Zeit, als die Griechen das **phönikische** Alphabet übernahmen. Im 6. Jahrhundert v. Chr. ordnete **Peisistratos**, der Tyrann von Athen, die Niederschrift der »**Ilias**« und der »**Odyssee**« an. Homer wurde in der Antike zur

und reicherten sie mit neuen Erzählungen an. Manche dieser »Rezitatoren«, so die aus **Chios**, behaupteten sogar, von Homer abzustammen! Die Episode mit dem Trojanischen Pferd kam später dazu, in Texten, die nach dem 7. Jh. v. Chr. entstanden und Einschübe jüngerer Rhapsoden enthalten.

Auf den Spuren Homers

Heinrich Schliemann, ein reicher deutscher Kaufmann, widmete sein Leben der Suche nach Troja. Der unermüdliche Homer-Leser begeisterte sich für Archäologie und nahm sich vor, mit Hilfe der »Ilias« die Ruinen der besiegten Stadt wiederzufinden. Bis dahin begann die Geschichte Griechenlands erst im Jahr 776 v. Chr. mit den ersten Olympischen Spielen. Ihr Vermögen und all ihre Zeit steckten Heinrich und Sophie Schliemann in die Ausgrabungen auf dem Hügel Hissarlik

HEINRICH SCHLIEMANN (oben) und seine Frau **SOPHIE SCHLIEMANN** (unten) mit dem Goldschmuck aus dem **Schatz des Priamos**.

im nördlichen Kleinasien, unter dem die Stadt Troja lag. Dabei legten sie die Ruinen mehrerer nacheinander erbauter Städte frei. In der irrigen Annahme, den Palast des Königs Priamos und seinen Schatz gefunden zu haben, unterbrachen sie für einige Zeit ihre Arbeit. Mit der gleichen Leidenschaft gruben sie in Mykene und Orchomenos. Carl Blegen setzte ihr Werk fort. Er brachte schließlich das »Troja Homers« ans Licht, den Schauplatz der blutigen Kämpfe, die sich Trojaner und Griechen zehn Jahre lang lieferten.

In dieser goldenen Totenmaske eines mykenischen Fürsten sah Schliemann das Gesicht **Agamemnons**.

DAS GRÄBERRUND Am 7. August 1876 sahen die Schliemanns zum ersten Mal das Löwentor von **Mykene** und die Mauern der Burg, von denen man wegen ihrer gewaltigen Dimensionen glaubte, Zyklopen hätten sie einst erbaut. Im Schachtgräberrund der Burg ruhten die Mitglieder der Königsfamilie in »Schatzhäusern«, bienenkorbförmigen Kuppelgräbern. Schliemann ordnete zunächst die Freilegung des berühmten »Schatzhauses des Atreus« an. Die beiden Steinplatten über dem Eingang wiegen 150 Tonnen! Die elegante Kuppel – die erste auf griechischem Boden – ist 13,20 m hoch.

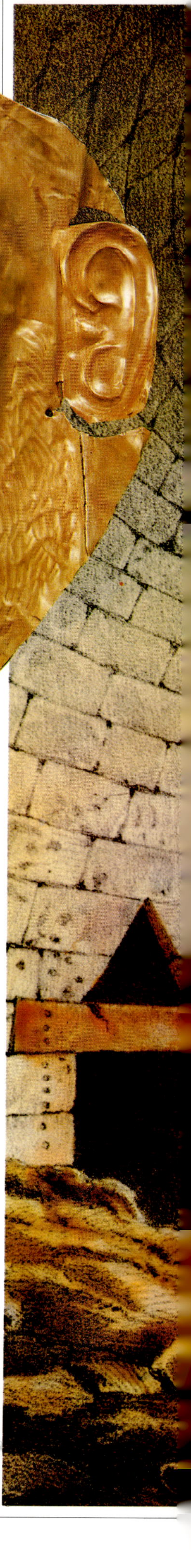

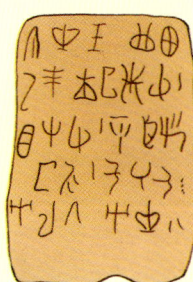

Fasziniert von der Sage von König Minos versuchte Schliemann, Knossos auszugraben, mußte aber aufgeben. Dem Engländer **Arthur Evans** gelang, was Schliemann versagt blieb. Durch geheimnisvolle, auf Steinplatten geritzte Schriftzeichen neugierig gemacht, grub Evans seit 1900 in Knossos und rekonstruierte den Palast. Zahlreiche Keramiken, Gegenstände aus Elfenbein, beschriftete Steintafeln und Geschmeide wurden gefunden. Evans nahm chronologische Vergleiche zwischen den Kulturen Ägyptens und Kretas vor. Seit Evans kennen wir Kreta nicht nur aus Sagen, sondern wissen um seine Geschichte, die um 2000 v. Chr. begann.

PHÖNIKISCHES ALPHABET (10. Jahrhundert v. Chr.)		
Name	**Alphabet**	**Umschrift**
Aleph	ΚΚ	כ
Bet	Δ	b
Gimel	٦	g
Dalet	Δ	d
He	∃	h
Waw	Y	w
Zajin	I	z
Chet	日目	h
Tet	⊕	t
Jod	ス	y
Kaf	↓	k
Lamed	∠	l
Mem	ξ	m
Nun	ι	n
Samech	≢	s
Ajin	⊙	c
Pe	)	p
Zade	⊬	s
Kof	φ	q
Resch	4	r
Sin	W	š
Taw	+	t

GRIECHISCHES ALPHABET (8.–7. Jahrhundert v. Chr.)		
Name	**Alphabet**	**Umschrift**
Alpha	≯A	α
Beta	8	β
Gamma	Γ	γ
Delta	Δ	δ
Epsilon	∃	ε
Zeta	I	ζ
Eta	目	η
Theta	⊗	θ
Iota	ι	ι
Kappa	Χ	κ
Lambda	∧	λ
My	Μ	μ
Ny	Ν	ν
Xi	≢	ξ
Omikron	ο	ο
Pi	ΓΓ	π
Rho	Γ	ρ
Sigma	ξ ξ	σ
Tau	Τ	τ
Ypsilon		υ
Phi		φ
Chi		χ
Psi		ψ
Omega		ω

Die ersten Schriften beruhten auf vereinfachten Symbolen: **Hieroglyphen** in Ägypten, **Keilschriftzeichen** in Babylon, das **Linear B** in Mykene. Bei den Phönikiern, einem Volk, das ausgedehnten Handel trieb, spielten Korrespondenz und juristische Texte eine wichtige Rolle. Sie erfanden eine Schrift aus 22 vereinfachten Zeichen: das erste »**Alphabet**«. Die Inschrift auf dem Sarkophag von Achiram, König von **Byblos**, entstand etwa um 950 v. Chr. Dieses »klassische« phönikische Alphabet wurde zunächst von den Bewohnern der Insel **Zypern**, dann auch von den Griechen übernommen. Die

Griechen führten eine wichtige Neuerung ein – die Vokale.

Das **griechische Alphabet** ist das erste, dessen 27 Zeichen sowohl Konsonanten als auch Vokale wiedergeben. Die **Etrusker** und nach ihnen die Völker Italiens, Spaniens und Galliens übernahmen es.

Die Schrift der Kreter, das »Linear A«, ist noch nicht entziffert. Mit den gleichen Zeichen schufen die Mykener eine neue Schrift. War das mit Griffeln auf Tontäfelchen geschriebene »Linear B« schon griechisch?
Mit Methoden, die beim Militär zum Dechiffrieren verwendet werden, entzifferten Michael Ventris und John Chadwick die Tafeln von Pylos. 1953 stand es fest: »Linear B« diente zum Schreiben der griechischen Sprache. Die Mykener waren also die »ersten Griechen«!

Ein Schüler lernt lesen, indem er die Zeichen wiederholt, die ihm der **Grammatiker** vorliest.

TI.RI.PO.DE — Tripode
AE.KE.U — Aigeus
KE.RE.SI.DO — kresios
UE.KE — (u)erge
2 DREIFÜSSE

Übersetzung:
Zwei Dreifüße: Aigeus der Kreter hat sie gemacht

DI.PA.E — depae
ME.ZO.E — meizoe
TI.RI.O.UE.E — triue
2 VASEN

Übersetzung:
Zwei große Vasen mit drei Henkeln

68

Die griechischen Stadtstaaten

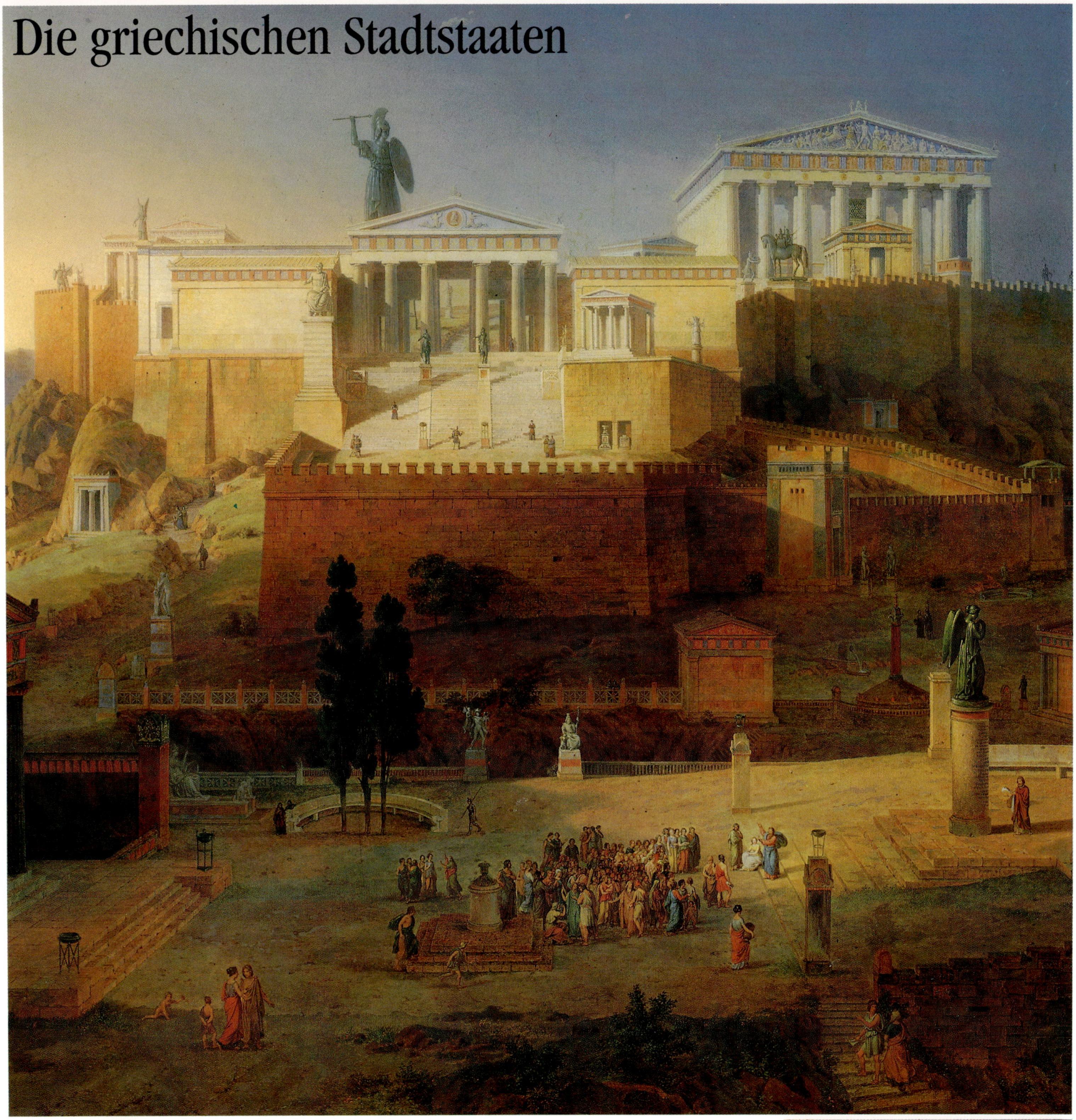

ATHENE
Im 6. Jahrhundert v. Chr. errichtete **Peisistratos**, der Tyrann von Athen, Athene, der Schutzgöttin der Stadt, auf der Akropolis einen Tempel. Auf dem Giebel war die Göttin dargestellt, die den Angriff der **Giganten** zurückschlägt. Ihr Sieg symbolisierte die Wiederherstellung der Ordnung.

Von der Akropolis aus beherrschte die majestätische Göttin Athene die Stadt Athen. Ihre im 5. Jahrhundert v. Chr. errichtete Monumentalstatue war in der Antike noch von Piräus, dem Hafen der Stadt aus, zu sehen. Die Schutzgöttin von Attika wurde in verschiedenen Erscheinungsformen verehrt: Mit Schild und Lanze bewaffnet war sie Athene Nike, die Siegreiche; zusammen mit einer Eule verkörperte sie Weisheit und Demokratie.

DER PARTHENON wurde von 447 bis 432 v. Chr. auf Anordnung des **Perikles** auf der Akropolis errichtet. Er war Athene Parthenos, der jungfräulichen Athene, geweiht. Hier stand ihre Statue aus Gold und Elfenbein, ein Werk des **Phidias**.

Auf der Karte (rechts) tragen Mutterstädte und Kolonien immer das gleiche Symbol. Sehr zahlreich waren die Kolonien in Süditalien (»**Groß-Griechen-land**«), Sizilien und an der türkischen Küste (»**Ost-Griechenland**«).

Nach Befragung des Orakels brachen unter der Leitung eines Gründers (*Oikisten*) Hunderte von Siedlern aus der Mutterstadt (*Metropolis*) auf, um fruchtbares Land zu suchen. Die neuen Kolonien wurden bald selbständig, knüpften Handelsbeziehungen und gründeten ihrerseits Kolonien. **Massilia** (das heutige Marseille), eine **Phokäer**-Niederlassung aus dem Jahr 600 v. Chr., gründete **Agathe** (Agde), **Antipolis** (Antibes) und **Nikaia** (Nizza).

KORINTHISCHE KERAMIK

war sehr geschätzt, vor allem die **Aryballoi**. Diese kleinen Krüge enthielten ein sehr teures Duftöl, mit dem sich die Athleten den Körper einrieben. Der oben abgebildete Aryballos ist nur 6,8 cm hoch. Seine Besonderheit ist der Schnabel in Form eines Kopfes. Das Gefäß ist mit winzigen Kämpferfiguren bemalt.

Mutterstädte und ihre Kolonien

○ PHOKAIA	○ Massilia		
◻ MILET	◻ Sinopa		
◻ KORINTH	◻ Leukas		
✦ MEGARA	✦ Herakleia		
● CHALKIS	● Rhegion	Andere Mutterstädte und Kolonien ▲	

Die griechische Kolonisation

Nach einem Rückschlag, der durch den Niedergang der mykenischen Kultur verursacht war, nahm der Handel einen neuen Aufschwung. Zwischen 775 und 550 v. Chr. weitete sich die griechische Kolonisation ungeheuer aus. Ein Grund war die Zersplitterung des Grundbesitzes durch Erbteilung. Der griechische Dichter Hesiod beschrieb in »Werke und Tage« das harte Leben der Kleinbauern. Auch politische Zwistigkeiten und Abenteuerlust waren für die Griechen Gründe, ihr Heimatland zu verlassen.

ORIENTALISIERENDE GOLDSCHMIEDE-KUNST

Dieses Geschmeide stammt von der Insel **Rhodos**. Ein Löwe ist von Greifenköpfen und Rosetten umrahmt. Typisch für die **orientalisierende Kunst** sind die »Perlen«, mit denen alles verziert ist. Die Frauenköpfe, an denen die Gehänge befestigt sind, sind im »**dädalischen**« Stil gearbeitet.

Die orientalisierende Kunst

Um 700 v. Chr. machte sich ein starker Einfluß des Orients auf die griechische Kunst bemerkbar. In den Werkstätten Korinths, der damals mächtigsten Stadt, schufen die Künstler neue Schmuckmotive; die Technik der »schwarzfigurigen« Vasenmalerei entstand. Auf ostgriechischen Töpferwaren von der türkischen Küste sind weidende Tiere zu sehen. Wie die Töpferei ist auch die orientalisierende Goldschmiedekunst durch den Reichtum ihrer Verzierungen gekennzeichnet.

Im Gegensatz zu diesen Kunstwerken waren die ersten Großplastiken, die um dieselbe Zeit entstanden, eher nüchtern gestaltet. Nach Dädalus, einem sagenhaften kretischen Erfinder und Bildhauer, werden diese Plastiken »dädalisch« genannt. Auch hier ließen sich die griechischen Künstler stark vom orientalischen Stil beeinflussen. Das feierliche Aussehen der in sitzender oder stehender Haltung frontal dargestellten Gestalten erinnert an manche orientalische Bildnisse. Wie ein umgekehrtes U umrahmt eine Frisur syrischen Ursprungs mit kurzen Fransen und vollem, gelocktem Haupthaar die Gesichter. Eine bemerkenswerte Entwicklung nahm der dädalische Stil auf der Insel Kreta, die nun ihre besondere Stellung im Herzen des Ägäischen Meers wiederzugewinnen schien.

DIE BRONZE
Dieses Bronzebecken (oben) war in einer Höhle auf dem Berg **Ida** auf Kreta, die als Geburtsort von **Zeus** verehrt wurde, als Opfergabe dargebracht worden. Darauf sind geflügelte Geister dargestellt, die, um die Schreie des neugeborenen Zeus zu übertönen, Tamburine schlagen. Mit ihren Bärten und langen Gewändern sehen sie aus wie **Assyrer**. Andere Gegenstände, wie Küchengeräte und Bronzekessel, wurden wegen des wertvollen Materials, aus dem sie gefertigt waren, geopfert.

Manche dieser Gegenstände waren mit Greifenköpfen verziert (dieser hier stammt aus **Olympia**). Ursprünglich hatten sie die Funktion eines Wächters und Hüters.

DIE GRIECHISCHEN SIRENEN
Die verschiedenen orientalischen Motive kamen durch phönikische Händler nach Griechenland. Die Phönikier selbst stellten Gegenstände her, in denen sich ägyptische und assyrische Einflüsse mischten. So entstand eine von phantastischen Geschöpfen bevölkerte Bilderwelt: Die von **syrischen** Vorbildern abgeleiteten **Gorgonen**; der bereits in Babylon bekannte **Zentaur**; die **Schimäre**, eine hethitische Schöpfung; **Pegasus**, der aus Assyrien kam. **Sphinx** und **Greif** der Bronzezeit erstanden, dem griechischen Geschmack angepaßt, neu. Neben Greifen spannten auf den Rändern von Gefäßen aus dem Orient seltsame Wesen ihre Flügel aus: Sie haben einen runden Kopf und manchmal einen Bart. Es waren die sagenumwobenen **Sirenen** – halb Vogel, halb Mensch. Die unten abgebildete Vase stammt aus dem Jahr 475 v. Chr. Sie ist mit einer Episode aus der »Odyssee« bemalt: An den Schiffsmast gebunden, gelingt es **Odysseus**, dem Zaubergesang der Sirenen zu widerstehen. Weil ein Sterblicher ihrem Gesang nicht erlegen ist, müssen sich die Sirenen ins Meer stürzen, wo sie in Felsen verwandelt werden.

Der in Delphi gefundene Kopf (unten) gehörte zu einem **chryselephantinen** Bildnis. Diese Technik vereint Elfenbein (*elephas*) und Gold (*chrysos*) auf einem Holzkern. Das Elfenbein ist schwarzgebrannt. Das ziselierte Goldblatt (links) ist ein Teil der Kleidung.

REICH WIE KRÖSUS
Der Reichtum und die Großzügigkeit des **lydischen** Königs **Krösus** sind sprichwörtlich. Durch seine Hauptstadt **Sardes** floß ein goldhaltiger Fluß. Krösus überhäufte **Delphi**, **Sparta**, **Ephesos** und **Didyma** mit Geschenken. Das Ende seiner Herrschaft ist nicht weniger berühmt: Vor einer Schlacht gegen den Perserkönig **Kyros** befragte er das Orakel von Delphi. Der Spruch lautete: »Wenn du den Halys überschreitest, wirst du ein großes Reich zerstören.« Eine zweideutige Auskunft: Krösus wurde besiegt und zum Tod auf dem Scheiterhaufen verurteilt (unten)! Kyros jedoch zeigte Milde und ließ das Feuer rechtzeitig löschen.

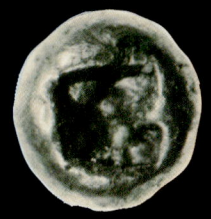

GELD
Die ersten Münzen, eine Erfindung der Griechen aus Kleinasien oder der Lyder, waren mittels eines Stempels geprägte Kugeln. Später wurden **Vorder-** und **Rückseite** mit Bildern versehen. Die Münzen des Krösus (unten) zeigen einen Stier und einen Löwen im Kampf.

MÜNZE DES KRÖSUS

MÜNZE MIT GORGONENHAUPT AUS NEAPOLIS

In Athen ließ **Peisistratos** Münzen prägen, die auf der Vorderseite Athene und auf der Rückseite eine Eule tragen (unten).

Die Tyrannis

In zahlreichen griechischen Stadtstaaten nutzten »Tyrannen« Unruhen und politische Wirren aus, um die Macht an sich zu reißen. Das Wort »Tyrann« war damals noch nicht gleichbedeutend mit »Gewaltherrscher«, sondern hieß einfach »Herrscher«. Peisistratos, der im Jahr 560 v. Chr. in Athen eine Tyrannis errichtete, förderte Kunst, Literatur und Handel; eine glänzende Epoche der Stadtgeschichte begann. Doch Athen war durch die Perser bedroht . . .

DIESE REITERFIGUR im Besitz des Louvre in Paris gehört zu einer Gruppe von Statuen, die vielleicht die Söhne des **Peisistratos** darstellten.

Die archaische Kunst

Im 6. Jahrhundert v. Chr. erlebte ganz Griechenland eine Blütezeit. In Mutterstädten und Kolonien entstanden zahlreiche Bauwerke. Manche wurden auf Anordnung der Tyrannen errichtet: Der Hera-Tempel auf Samos wurde unter Polykrates erbaut; Peisistratos ließ den Athene-Tempel auf der Akropolis errichten.

Skulpturen wurden für religiöse Zwecke oder für Grabmäler geschaffen, nicht jedoch für Wohnhäuser. Die Haltung des *Kuros* – aufrecht, mit am Körper anliegenden Armen – erinnert an ägyptische Vorbilder. Das leicht nach vorne gestellte linke Bein deutet eine Bewegung an; der Körper bleibt jedoch starr. Alles ist stark vereinfacht: Einzelheiten des Körperbaus werden durch eingeritzte Linien dargestellt; Haar und Bart bestehen aus kleinen »Perlen«, die wohl kaum die Wirklichkeit darstellten. Bald kommen jedoch natürliche Locken auf; eine lockerere Haltung von Hüften und Schultern ergänzt die Bewegung des Spielbeins . . .

Um 480 v. Chr. begann die klassische Periode der griechischen Kunst.

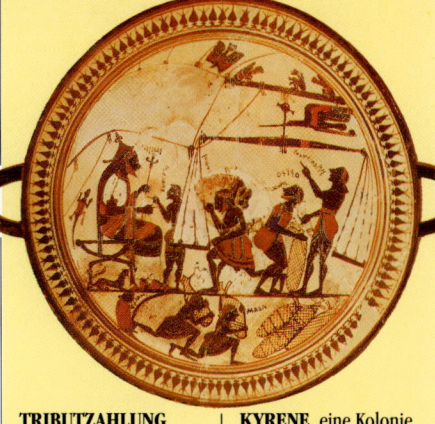

TRIBUTZAHLUNG
Ein Zepter in der Hand, thront **Arkesilaos**, König von **Kyrene**, unter einem Zeltdach, einen Hut auf dem langen, geflochtenen Haar. Um ihn herum herrscht reges Treiben. Diener tragen Ballen herum, wiegen Waren oder führen Buch.

KYRENE, eine Kolonie von **Thera**, war die Hauptstadt der **Kyrenaika** (des heutigen **Libyen**). Ihren Wohlstand verdankte sie dem **Silphium**, einer heute vergessenen Heilpflanze. Die Fauna (eine Eidechse, ein kleiner Panther und ein Affe unter den Vögeln) zeigt, daß sich die malerische Szene oben in Afrika abspielt.

Eine lustige Szene ziert die **Metope** (ein Relief am Gebälk) eines Tempels auf Sizilien (oben). **Herakles** hat die **Kerkopen**, diebische Kobolde, zur Strafe für einen Raubversuch an einen Balken gehängt. Ihre Späße erheitern ihn aber so, daß er sie wieder freiläßt.

GRABSTELE
Diese mehr als 4 m hohe Stele vereint auf rührende Weise Bruder und Schwester. Der **Epitaph**, die Grabinschrift, sagt, daß es sich um die Kinder des **Megakles** handelt. Über einer gemalten Palmette (palmenartige Verzierung) bewacht eine Sphinx das Grab. Um 500 v. Chr. untersagte ein Erlaß in Attika einen solchen Luxus für Grabmäler.

KRÖSUS
»Bleibe stehen und weine vor dem Grabmal des Krösus, den **Ares** in seinem Zorn niedermähte in der ersten Reihe der Krieger.« So lautet die Inschrift auf dem Sockel dieser Statue.

DER »KUROS«
Die Skulpturen lassen oft nicht erkennen, ob es sich um einen Halbgott, einen Athleten oder einen Gott handelt. Der Einfachheit halber nennt man die nackten Jünglingsgestalten der archaischen Kunst deshalb *Kuros* (griechisch: junger Mann).

DIE KORE
Weihgeschenk? Göttin? Die *Kore* (Mädchenstatue) ist immer bekleidet. Sie trägt eine leichte, am Saum plissierte Leinentunika (**Chiton**) und einen kleinen Mantel oder eine Tunika aus Wolle (**Peplos**).

Kore von Samos, der Göttin **Hera** geweiht.

KORE VON DER ATHENER AKROPOLIS
Obwohl die Zeit ihre Spuren an dieser Figur hinterlassen hat, wirkt ihr Lächeln sehr lebendig. Von der reichen Bemalung sind noch einige Spuren übriggeblieben. Die Statuen waren mit kräftigen Farben bemalt.

AMPHORE

AMPHORE

KRATER

STAMNOS

HYDRIA

OINOCHOE

SCHALE

Die Keramik

Der Erfolg der in Athen hergestellten Keramik erklärt sich aus der Qualität des verwendeten Materials, der Regelmäßigkeit der Formen und der Vielfalt der Motive (Themen aus der Mythologie oder aus dem täglichen Leben). Attische Vasen wurden zu Hunderten in die Städte Etruriens und Großgriechenlands exportiert; es gab sie auch am Schwarzen Meer und auf der Iberischen Halbinsel. In den größten Werkstätten arbeiteten wohl bis zu zwanzig Maler und Helfer unter der Leitung des Töpfers, der Eigentümer und Meister zugleich war.

DIE ARBEIT DES MALERS

Zum Anbringen des Dekors stand dem Maler nur begrenzte Zeit zur Verfügung; eine zu lange Trocknung hätte zu feinen Rissen im Ton führen können. Nachdem er mit Holzkohle eine **Skizze** aufgebracht hatte, zeichnete er mit einer braunen Paste aus aufgelöstem Lehm die Figuren. Die Pflanzenornamente und der schwarze Hintergrund waren oft das Werk eines Helfers. Nach erneuter Trocknung ging die Vase an den Töpfer zurück. Das Brennen, ein schwieriger Vorgang in drei Arbeitsgängen und bei verschiedenen Temperaturen, verlieh dem schwarzen Dekor seinen Glanz.

DIE ENTWICKLUNG DES DEKORS

Auf den ältesten Vasen (1000–700 v. Chr.) bestand das Dekor aus geometrischen Mustern auf hellem Hintergrund.

Bei der **schwarzfigurigen** Technik wurden die Einzelheiten der Umrisse durch Einritzungen in der Farbe wiedergegeben.

Um 530 v. Chr. wurde der **rotfigurige** Stil erfunden: Die Figuren wurden auf dem Schwarz des Hintergrunds ausgespart, die Einzelheiten mit Pinselstrichen gezeichnet.

DAS DREHEN

Der in Gruben gelagerte Lehm wurde unter fließendem Wasser gereinigt, bis er die gewünschte Feinheit hatte. Zur Entfernung von Luftblasen knetete der Töpfer die Masse und legte sie dann auf die Töpferscheibe, die ein Helfer drehte. Mit den Händen wurde die Vase geformt. Henkel und Fuß wurden in einem eigenen Arbeitsgang modelliert. Vor dem Bemalen mußte die Vase trocknen.

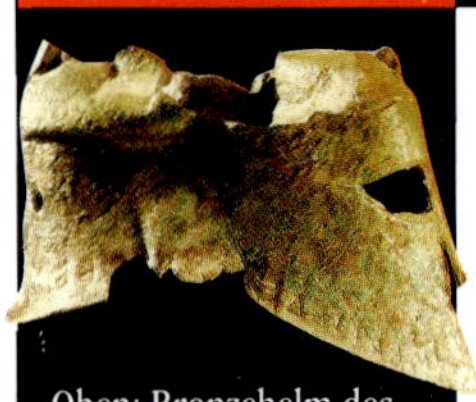

Oben: Bronzehelm des athenischen Heerführers **Miltiades.**

DIE PERSERKRIEGE
Im Jahr 500 v. Chr. erhoben sich die kleinasiatischen Kolonien Griechenlands gegen die persische Herrschaft. **Milet** wurde zerstört. Mit der Landung der Perser in Griechenland begannen die **Perserkriege**. Unter der Führung des Atheners **Miltiades** errangen die Griechen den Sieg in der berühmten Schlacht von **Marathon** (490 v. Chr.). Ein athenischer Krieger lief von Marathon nach Athen, um den Sieg zu verkünden. Nachdem er die Nachricht überbracht hatte, brach er tot zusammen. Das war der erste »Marathonlauf«.

Nach dem Tod des spartanischen Königs **Leonidas** bei den **Thermopylen** sicherten zwei siegreiche Schlachten

den Triumph der Griechen: Die Seeschlacht von **Salamis** (480 v. Chr.) und die Schlacht von **Platää**.

Themistokles (ganz oben), der »Stratege« (Führer) der athenischen Schiffe, siegte bei Salamis. Er hatte die athenische Flotte geschaffen und Piräus zum Kriegshafen ausbauen lassen.

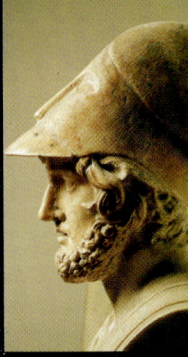

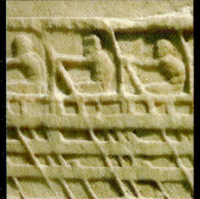

Die athenische Demokratie

Im 5. Jahrhundert v. Chr. festigten die Perserkriege die Vorherrschaft Athens über die griechischen Stadtstaaten, die auf Veranlassung Athens im Jahr 477 v. Chr. den Attischen Seebund gründeten. Mit vereinten Kräften wurde eine Flotte gegen die Perser gerüstet. Grundlage der Stärke Athens war die Demokratie – die Herrschaft des Volkes. Die Stadt war in zehn Wahlbezirke aufgeteilt, und die Bürger nahmen direkt an der Regierung der Stadt (griechisch: *polis*) teil. Die höchsten Beamten – die Prytanen, Mitglieder der Ratsversammlung (*bule*), und die Archonten – wurden durch das Los von den Göttern bestimmt. Jeden Tag wurde ein neuer Vorsitzender der Prytanen ernannt.
Er war vierundzwanzig Stunden lang Inhaber der höchsten Gewalt, die durch die Schlüssel der Tempelschatzkammern und das Stadtsiegel symbolisiert wurde.

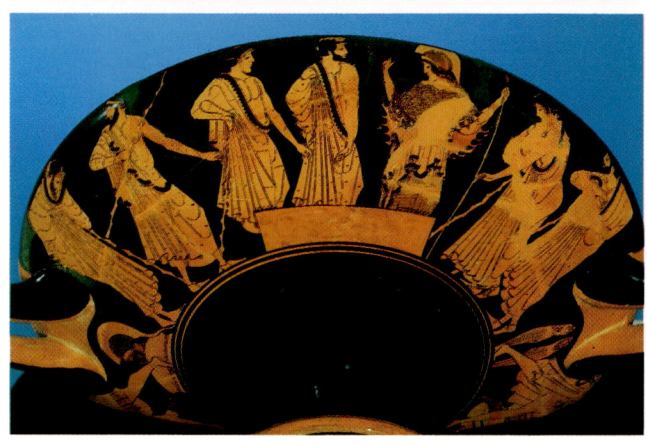

DAS STIMMRECHT
Im 5. Jahrhundert v. Chr. besaßen nur die männlichen Athener das Bürgerrecht. Frauen war es verwehrt, Sklaven ebenfalls. Die Mehrheit der Bewohner Athens bestand also aus Nichtbürgern! Jeder Bürger war gehalten, sich zur Volksversammlung, der **Ekklesia** zu begeben, wo er sein Wahltäfelchen abgeben konnte. Alle Teilnehmer der Ekklesia erhielten eine Entschädigung für den Verdienstausfall. Manchmal freilich ließ das Engagement der Bürger zu wünschen übrig. Dann mußte die Polizei die Widerstrebenden mit zinnobergetränkten Geißeln antreiben. Schande über die, die rote Farbspuren trugen!

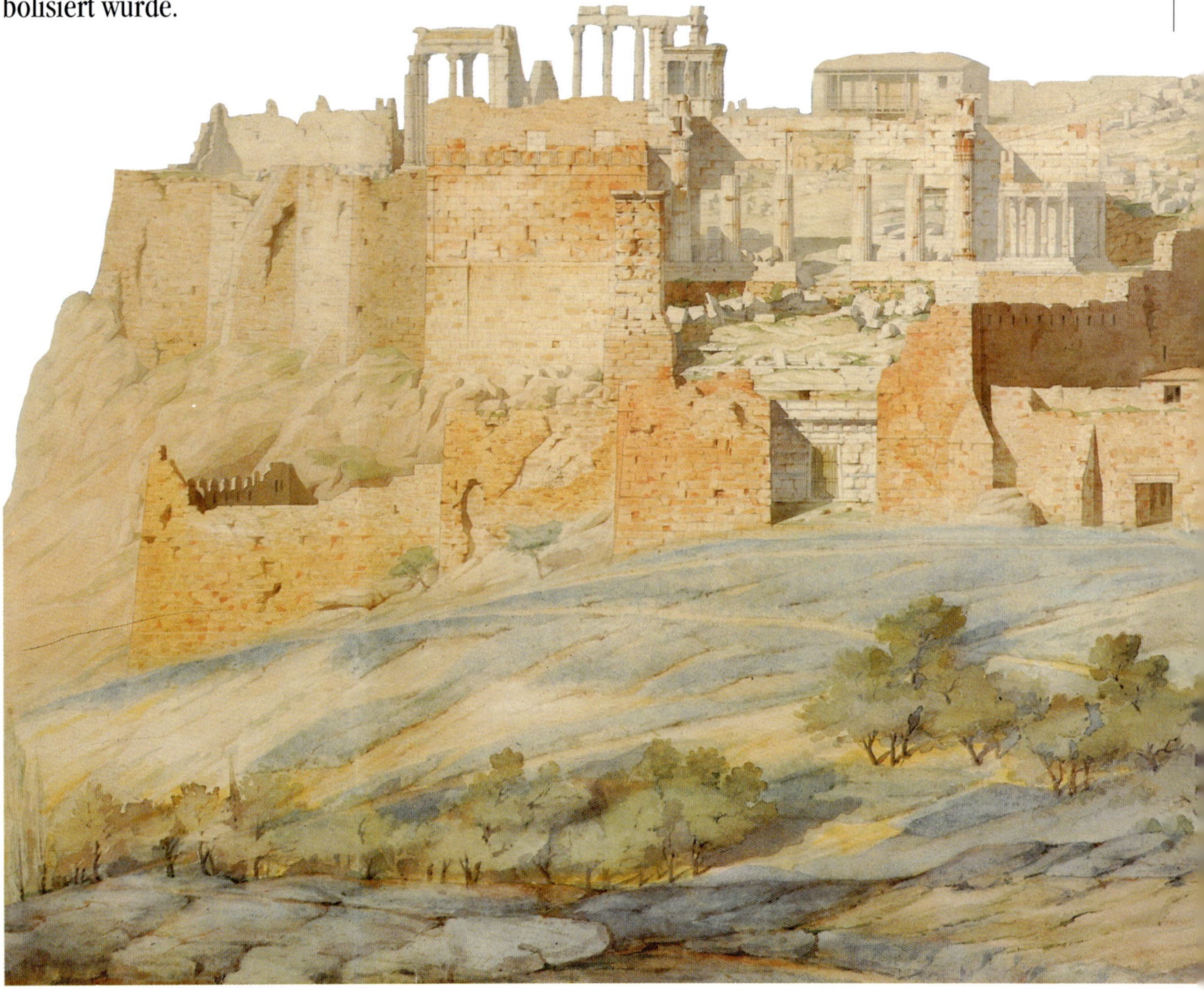

Die Akropolis

Wie ein erhöhter Göttersitz überragte der heilige Fels der Akropolis von Athen den öffentlichen Platz, die Agora. Dort fand bei Sonnenaufgang das Geschworenengericht, die Heliaia, statt (griechisch: *helios* = Sonne). Die Athener begaben sich frühmorgens zur Agora, um ihren Geschäften nachzugehen. Unter Leitung des Phidias, der von Perikles mit dem Wiederaufbau der 480 v. Chr. von den Persern zerstörten Akropolis beauftragt worden war, waren weiter oben Arbeiter am Werk. Das Vorhaben des Perikles wurde nach seinem Tod zu Ende geführt. Als erstes wurde zum Ruhm der Athene der Parthenon errichtet. Seine Skulpturen verherrlichten die Größe Athens und seiner Schutzgöttin. Im Norden lag das Erechtheion, der Kultbau für Athene, Erechtheus und Poseidon. Der kleine Tempel der Athene Nike lag zur Rechten der Propyläen, des mächtigen Eingangstors zum heiligen Burgberg.

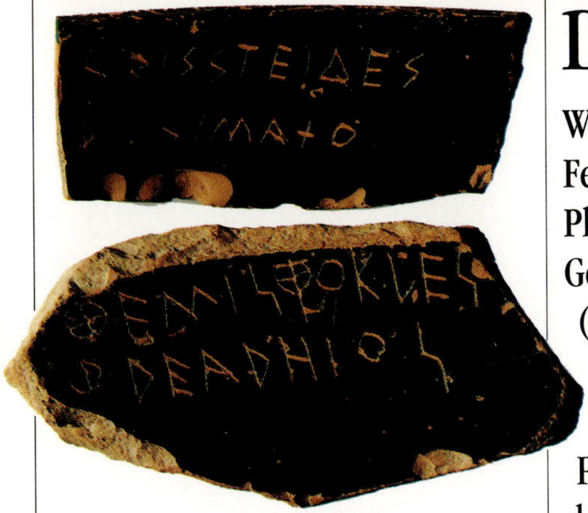

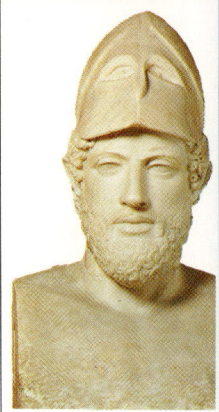

DER OSTRAKISMOS
Um eine Wiederkehr der Tyrannis zu verhindern, verbannten die Griechen durch Volksabstimmung Politiker, deren Einfluß die Demokratie bedrohte, durch das »**Scherbengericht**«. Jeder Teilnehmer der Abstimmung mußte den Namen des zu Verbannenden auf eine Tonscherbe, das **Ostrakon**, schreiben. **Aristides** und **Themistokles**, deren Ostraka oben abgebildet sind, wurden für zehn Jahre verbannt.

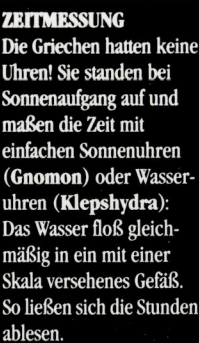

PERIKLES
Der Name dieses Staatsmanns steht für die höchste Blüte Athens. Schön war er wohl nicht: Sein Schädel hatte, so sagt man, die Form einer Zwiebel! Doch dieser Abkömmling des Geschlechts der **Alkmäoniden** gewann mit seinen menschlichen Qualitäten und seinem Rednertalent das Vertrauen der Athener. Die Berufung zum **Strategen** galt für ein Jahr. Perikles wurde vierzehnmal hintereinander gewählt. Im Jahr 429 v. Chr. starb er an der Pest.

ZEITMESSUNG
Die Griechen hatten keine Uhren! Sie standen bei Sonnenaufgang auf und maßen die Zeit mit einfachen Sonnenuhren (**Gnomon**) oder Wasseruhren (**Klepshydra**): Das Wasser floß gleichmäßig in ein mit einer Skala versehenes Gefäß. So ließen sich die Stunden ablesen.

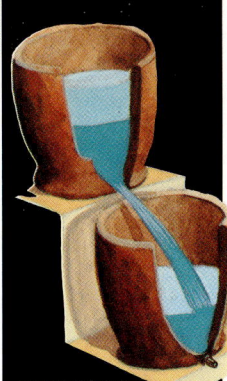

DEMOSTHENES
wurde im Jahr 384 v. Chr. geboren. Durch den **Peleponnesischen Krieg** gegen Sparta um die Vorherrschaft in Griechenland geschwächt, war Athen nicht mehr die mächtigste Stadt Griechenlands. Demosthenes, ein armes Waisenkind, mußte, um

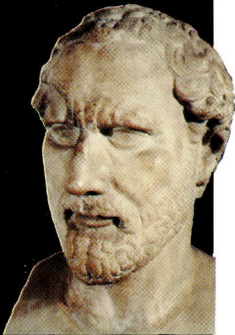

seinen Lebensunterhalt zu verdienen, mit 18 Jahren den Beruf des Redners erlernen, was ihn große Mühen kostete. Es heißt, er habe mit Kieselsteinen im Mund geübt! Sein ganzes Talent widmete er dem Kampf um die Freiheit. In seinen berühmten **Philippischen Reden** rief er Griechenland zum Freiheitskampf gegen **Philipp II.** von **Makedonien** auf. Wegen angeblicher Unterschlagung verbannt, beging er im Jahre 322 v. Chr. Selbstmord mit Gift.

FAÇADE OVEST
ETAT ACTVEL
ECHELLE DE 0.01

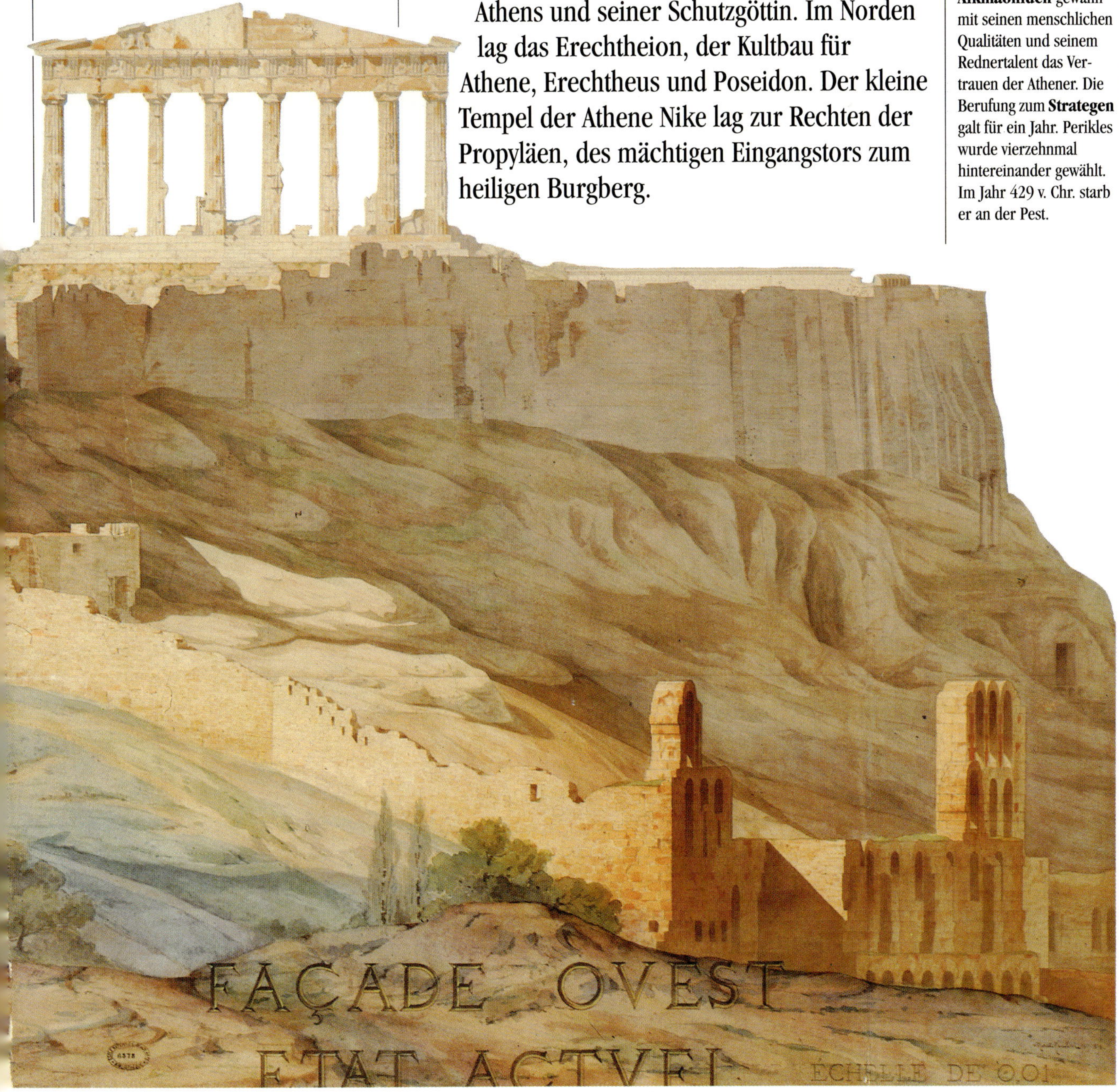

Die Schlacht bei den Thermopylen

Als der Perserkönig Xerxes im Jahr 480 v. Chr. in Mittelgriechenland einfiel, stießen seine Truppen im Engpaß der Thermopylen auf ein kleines griechisches Heer. Die Griechen konnten nicht gewinnen – sie waren viel zu wenige. Doch König Leonidas und seine dreihundert Spartaner kämpften bis zum letzten Mann, um den Vormarsch der Perser zu verzögern.

Die Helme waren mit hohen Federbüschen in kräftigen Farben geschmückt.

HELME
Sie hatten je nach Herkunftsort verschiedene Formen. Der **korinthische Helm** umhüllte den ganzen Kopf und war mit einem festen **Nasen- und Wangenschutz** ausgestattet. Häufig war er mit eingeritzten Mustern verziert.

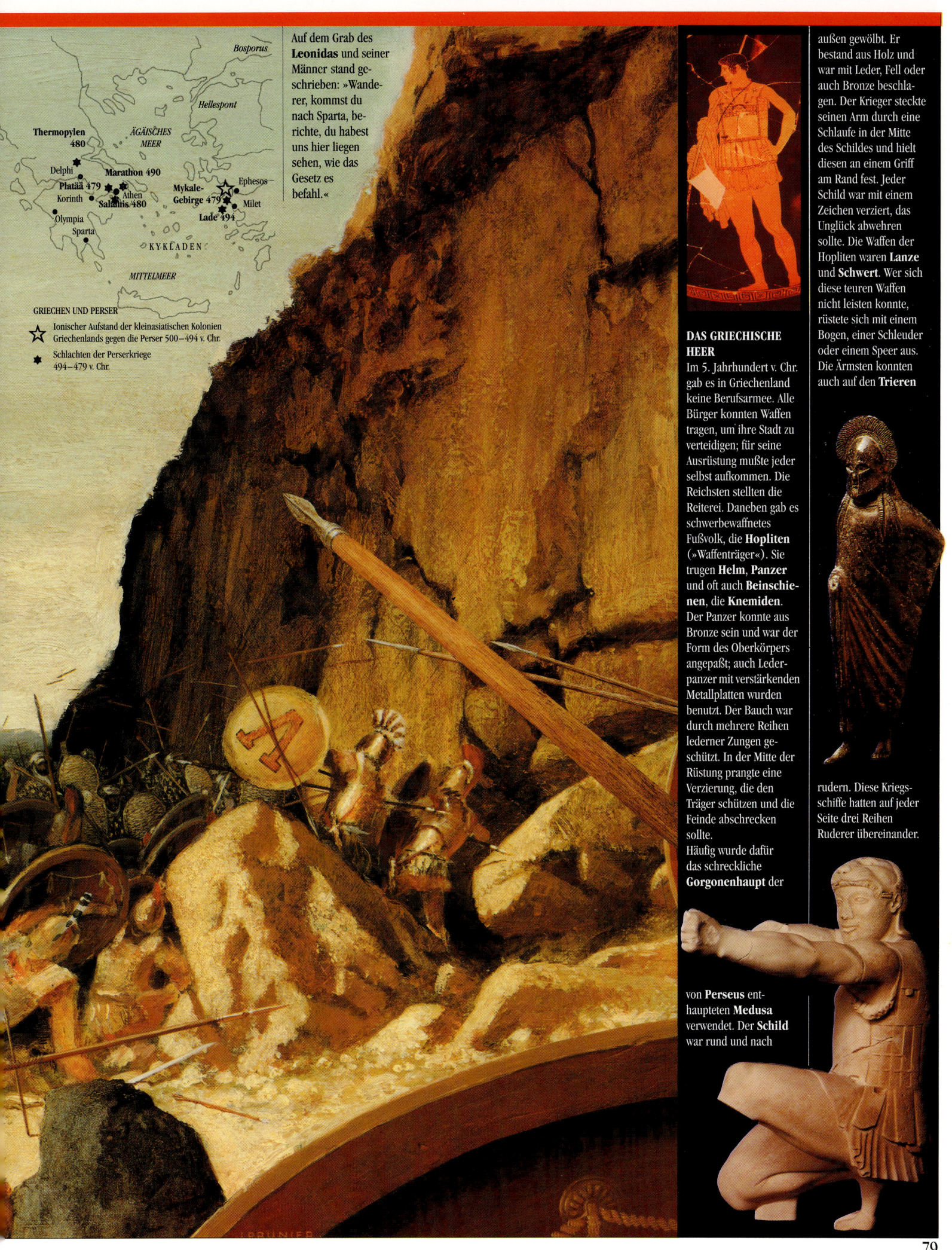

Auf dem Grab des **Leonidas** und seiner Männer stand geschrieben: »Wanderer, kommst du nach Sparta, berichte, du habest uns hier liegen sehen, wie das Gesetz es befahl.«

GRIECHEN UND PERSER

☆ Ionischer Aufstand der kleinasiatischen Kolonien Griechenlands gegen die Perser 500–494 v. Chr.

★ Schlachten der Perserkriege 494–479 v. Chr.

Thermopylen 480
ÄGÄISCHES MEER
Bosporus
Hellespont
Delphi
Marathon 490
Plataä 479
Korinth
Athen
Salamis 480
Mykale-Gebirge 479
Ephesos
Milet
Lade 494
Olympia
Sparta
KYKLADEN
MITTELMEER

DAS GRIECHISCHE HEER

Im 5. Jahrhundert v. Chr. gab es in Griechenland keine Berufsarmee. Alle Bürger konnten Waffen tragen, um ihre Stadt zu verteidigen; für seine Ausrüstung mußte jeder selbst aufkommen. Die Reichsten stellten die Reiterei. Daneben gab es schwerbewaffnetes Fußvolk, die **Hopliten** (»Waffenträger«). Sie trugen **Helm**, **Panzer** und oft auch **Beinschienen**, die **Knemiden**. Der Panzer konnte aus Bronze sein und war der Form des Oberkörpers angepaßt; auch Lederpanzer mit verstärkenden Metallplatten wurden benutzt. Der Bauch war durch mehrere Reihen lederner Zungen geschützt. In der Mitte der Rüstung prangte eine Verzierung, die den Träger schützen und die Feinde abschrecken sollte. Häufig wurde dafür das schreckliche **Gorgonenhaupt** der von **Perseus** enthaupteten **Medusa** verwendet. Der **Schild** war rund und nach

außen gewölbt. Er bestand aus Holz und war mit Leder, Fell oder auch Bronze beschlagen. Der Krieger steckte seinen Arm durch eine Schlaufe in der Mitte des Schildes und hielt diesen an einem Griff am Rand fest. Jeder Schild war mit einem Zeichen verziert, das Unglück abwehren sollte. Die Waffen der Hopliten waren **Lanze** und **Schwert**. Wer sich diese teuren Waffen nicht leisten konnte, rüstete sich mit einem Bogen, einer Schleuder oder einem Speer aus. Die Ärmsten konnten auch auf den **Trieren** rudern. Diese Kriegsschiffe hatten auf jeder Seite drei Reihen Ruderer übereinander.

79

Der griechische Tempel

Um 600 v. Chr. gab es für Tempel ein allgemein ange-wendetes Baumuster: Ein rechteckiges, von Säulen umgebenes Gebäude, dessen Hauptfassade nach Osten ausgerichtet war. Nur Priester und Priesterinnen des Gottes durften den Tempel betreten.

Die Dachziegel waren meist aus Terrakotta und ruhten auf einer Lehmschicht, damit sie nicht abrutschten. Ein marmornes Dekor belebte die oberen Teile des Tempels: Über der äußeren Säulenreihe wechseln sich auf einem dorischen Fries dreifache Kannelierungen (**Triglyphen**) und reliefgeschmückte Platten, die **Metopen**, ab.

DIE SÄULE
Für Tempelsäulen bestimmte Blöcke wurden in den Steinbrüchen grob behauen.

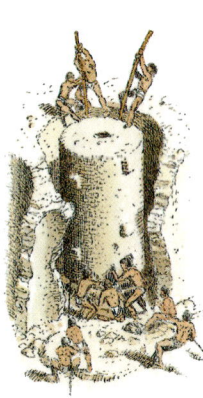

Säulen waren ein Hauptelement der griechischen Architektur. Mit ihrer Hilfe war es möglich, große überdachte Räume zu schaffen. Ihr **Schaft** besteht aus mehreren übereinandergesetzten, im Innern durch einen Bronzestab verbundenen **Trommeln**.

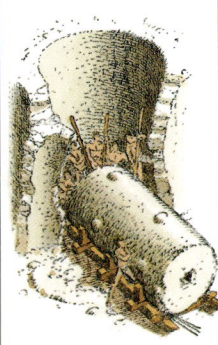

Die einzelnen Trommeln hafteten durch die aufgerauhten Flächen aneinander. Der Schaft der griechischen Säulen trägt senkrechte Rillen (**Kannelüren**). Gekrönt werden sie vom **Kapitell**, das den Übergang zum Dekor der oberen Teile des Tempels bildet.

DER BAU EINES TEMPELS
Um 490 v. Chr. bauen Arbeiter in **Ägina** unter Anleitung eines Architekten einen Athene-Tempel (großes Bild). Im Innern tragen zwei übereinanderliegende Säulenreihen einen hölzernen Dachstuhl: Auf einem Firstbalken ruhen Querbalken, deren Enden durch Marmorskulpturen, die **Antefixe,** vor dem Regen geschützt sind.

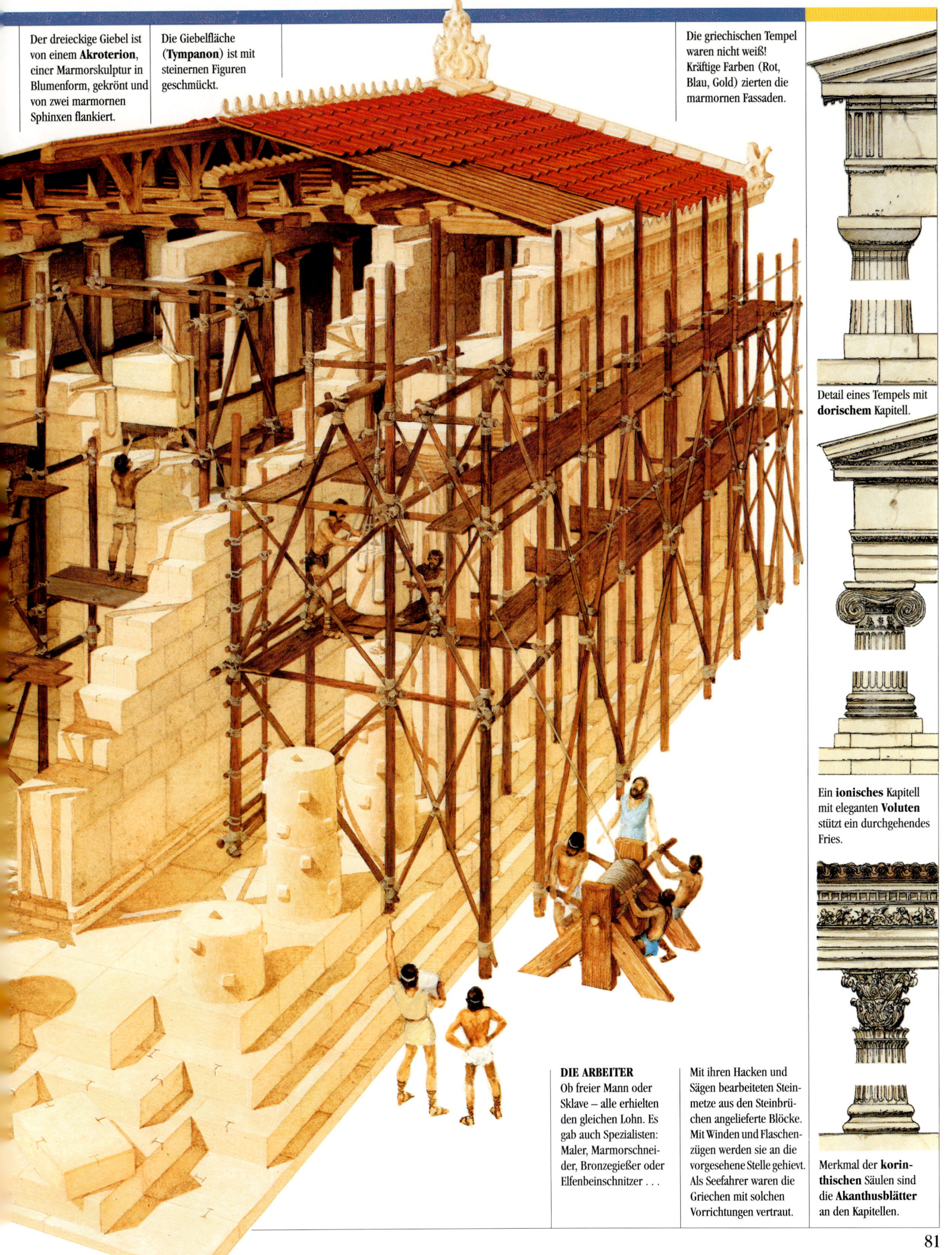

Der dreieckige Giebel ist von einem **Akroterion**, einer Marmorskulptur in Blumenform, gekrönt und von zwei marmornen Sphinxen flankiert.

Die Giebelfläche (**Tympanon**) ist mit steinernen Figuren geschmückt.

Die griechischen Tempel waren nicht weiß! Kräftige Farben (Rot, Blau, Gold) zierten die marmornen Fassaden.

Detail eines Tempels mit **dorischem** Kapitell.

Ein **ionisches** Kapitell mit eleganten **Voluten** stützt ein durchgehendes Fries.

DIE ARBEITER
Ob freier Mann oder Sklave – alle erhielten den gleichen Lohn. Es gab auch Spezialisten: Maler, Marmorschneider, Bronzegießer oder Elfenbeinschnitzer . . .

Mit ihren Hacken und Sägen bearbeiteten Steinmetze aus den Steinbrüchen angelieferte Blöcke. Mit Winden und Flaschenzügen werden sie an die vorgesehene Stelle gehievt. Als Seefahrer waren die Griechen mit solchen Vorrichtungen vertraut.

Merkmal der **korinthischen** Säulen sind die **Akanthusblätter** an den Kapitellen.

81

Das Theater

Beim Dionysos-Kult erklangen wilde Gesänge zu Ehren des Gottes: die Dithyramben. Im 6. Jahrhundert v. Chr. führte der Dichter Thespis ein Wechselgespräch zwischen dem Chor und einem Schauspieler ein: So entstand die Tragödie (»Bocksgesang«, weil der Bock das Lieblingstier des Dionysos war). Sie zeigt einen Helden im dramatischsten Augenblick seines Schicksals. Bei den Großen Dionysien, den Festen zu Ehren des Dionysos, fanden Tragödienwettbewerbe statt.

Die nur für eine einmalige Aufführung gedachten Stücke wurden nicht niedergeschrieben. Von mehr als tausend Tragödien der Antike sind uns nur etwa dreißig überliefert. Die »Perser«, die »Orestie« und »Sieben gegen Theben« sind Werke des Aischylos, der die Perserkriege miterlebte. Sophokles entwickelte die Tragödie weiter, indem er dem Chor drei Schauspieler gegenüberstellte (»Antigone«, »Ajax«, »Ödipus«). Das Werk des Euripides, des »modernsten« unter den griechischen Tragödiendichtern, beeinflußte auch spätere Epochen der Theatergeschichte; »Andromache«, »Medea« oder »Iphigenie bei den Tauern« spiegeln die düsteren Jahre Griechenlands während des Peloponnesischen Kriegs am Ende des 5. Jahrhunderts v. Chr. wider.

Dionysos, der Gott des Weins, soll den Griechen die Idee des Theaters eingegeben haben.

Oben und rechts: Rekonstruktionen des Theaters von **Priene** (Ende des 4. Jh. v. Chr.).

TEMENOS D'APOLLON

DIE ERSTEN THEATER

waren aus Holz und halbkreisförmig in einen Hang hineingebaut. In der Mitte der Bühne stand ein Dionysos geweihter Altar. Die Rückwand der Bühne (»Skene«) trug die Dekorationen. Theater aus Stein gab es erst seit etwa 400 v. Chr.

DIE KOMÖDIE

Das Wort »Komödie« bedeutet »Gesang des **komos**«. Der »komos« war ein Umzug zu Ehren des Dionysos. Wie der tragische Schauspieler trug auch der Komiker eine Maske. Ein falscher Bauch sorgte für Ähnlichkeit mit den **Satyrn**, die das Gefolge des Dionysos bildeten. Wie die Tragödie

sollte auch die Komödie den Zuschauern die großen Probleme des menschlichen Daseins vor Augen führen, allerdings nicht durch den Schauder (*phobos*), sondern durch das Lachen. So prangerte **Aristophanes** in »Die Wespen« oder »Die Wolken« politische Sitten und soziale Ungerechtigkeit seiner Zeit an.

»Wenn von euch Zuschauern einer mit den Vögeln angenehm hinspinnen will sein Leben künftig, nun, der komme her zu uns. Denn was in der Stadt hier schimpflich ist und durch Gesetz verpönt, dieses alles gilt für löblich und erlaubt im Vogelreich. Wenn's zum Beispiel hier für schändlich gilt, den Vater durchzubleun, so gilt es bei uns für rechtlich, wenn man seinen Vater packt und ihn prügelt und verhöhnet: ›Heb den Sporn auf, willst du Kampf.‹ Und wer als entlaufner Sklave eingebrannte Marken trägt, diesen wird man bei uns nennen ›buntgeflecktes Haselhuhn‹. Gilt jemand bei euch als

›Phryger‹, etwa so wie Spintharos, wird er bei uns ›Würger‹ heißen, dem Philemon stammverwandt. Ist jemand ein Sklav', ein Karer, wie der Exekestides, läßt er sich 'nen Hahnenkamm wachsen, und schon hat er Vetternschaft.«
(Aus: *Die Vögel* von Aristophanes. Übersetzung: Christian Voigt)

ATHENE
Metis, die erste Gemahlin des Zeus, stand vor der Geburt ihrer Tochter Athene. Zeus erfuhr, daß sie ihm einen Sohn gebären

würde, der ihn entthronen sollte. Deshalb verschlang er Metis. Athene ging erwachsen und mit Panzer und Helm aus dem von **Hephaistos** gespaltenen Schädel des Zeus hervor.

APHRODITE
war die Göttin der Schönheit und der Liebe.

Demeter war die Göttin der Fruchtbarkeit. **Hades**, der Gott der Unterwelt, raubte ihr die Tochter **Persephone**. **Zeus** mußte eingreifen, damit Persephone ihre Zeit zwischen ihrer Mutter und ihrem Gatten teilen konnte. Im Winter, wenn der Boden unfruchtbar war, lebte sie in der **Unterwelt**. Im Frühjahr stieg sie wie die jungen Pflanzen in die Oberwelt auf.

DIONYSOS
war der »zweimal geborene Gott«. **Semele**, seine Mutter, starb, als sie Zeus in seinem majestätischen Glanze sah. Zeus rettete das Kind, das sie erwartete, indem er es bis zur Geburt in seinen eigenen Schenkel einnähte.

ARTEMIS UND APOLLON
waren Zwillinge. Beide waren Bogenschützen, deren Pfeile den Menschen plötzlichen Tod brachten. Artemis war eine leidenschaftliche Jägerin, Apollo auch Gott der Musik und der Poesie. Viele Griechen kamen nach Delphi, um sein Orakel zu befragen.

HEPHAISTOS,
der Gott des Feuers und der Schmiedearbeit, humpelte als Folge eines Streits seiner Eltern. Die Vulkane waren seine Werkstätten.

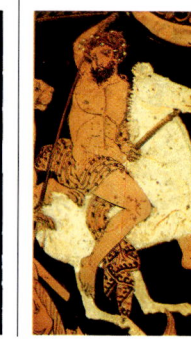

POSEIDON,
der Gott des Meeres, herrschte über die Gewässer. Er konnte Unwetter entfesseln und die Küsten mit einem Stoß seines Dreizacks erschüttern. Er stritt mit Athene um den Besitz von Attika, doch die Göttin siegte. Erzürnt stieß Poseidon seinen Dreizack auf den Boden und versuchte, das Land zu überschwemmen.

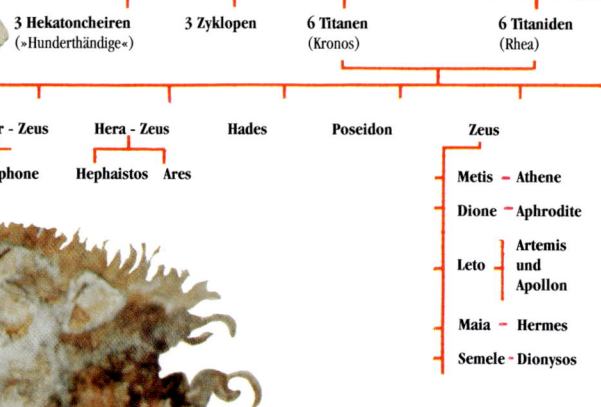

Die Götter der Griechen

Nach dem Chaos wurde Gaia, die Göttin der Erde, geboren. Sie gebar die Berge und Uranos, den Himmel. Mit ihm vereinigte sie sich und gebar Kronos. Dieser zeugte das zweite Göttergeschlecht – Zeus und die großen Olympier –, die vom Berg Olymp aus die griechische Welt beherrschten.

ZEUS,
der höchste Gott,»Vater der Götter und der Menschen«, herrschte auf dem **Olymp**. Durch Losentscheid zwischen den großen Olympiern fielen ihm der Himmel und die Herrschaft über die Welt zu. Als Gott des Lichts und des Himmels brachte er Regen und schleuderte Blitze.

HERMES,
Gott der Kaufleute und der Diebe, beschützte die Reisenden.

HERA,
die Gattin des Zeus, war die Beschützerin der verheirateten Frauen. Jähzornig und eifersüchtig verfolgte sie ihre Rivalinnen. Sterbliche oder Göttinnen, zahlreich waren die flüchtigen Eroberungen des Zeus!

	Uranos (der Himmel)	Gaia (die Erde)	
3 Hekatoncheiren (»Hundertshändige«)	3 Zyklopen	6 Titanen (Kronos)	6 Titaniden (Rhea)

Hestia	Demeter - Zeus	Hera - Zeus	Hades	Poseidon	Zeus
	Kore - Persephone	Hephaistos Ares			Metis - Athene
					Dione - Aphrodite
					Leto - Artemis und Apollon
					Maia - Hermes
					Semele - Dionysos

Von Perikles bis zu Alexander dem Großen

Beim Tod seines Vaters, des **makedonischen** Königs **Philipp II.** (oben) im Jahr 336 v. Chr. war **Alexander** 20 Jahre alt. Durch seine Taten erwies er sich der Überlieferung würdig, ein Abkömmling des Herakles zu sein.

Im 4. Jahrhundert v. Chr. wurde Griechenland durch Rivalitäten zwischen den Stadtstaaten erschüttert. Athen mußte die Vorherrschaft abgeben; seine Rolle übernahmen Sparta und später Theben. Unter der Führung König Philipps II. brachte das Königreich Makedonien das benachbarte Griechenland unter seine Herrschaft. Die griechischen Stadtstaaten gingen nach der Eroberung des Perserreichs durch Alexander in einem Großreich auf, das jedoch bald wieder in eigenständige Königreiche zerfiel.

Attische Feste

Diese Amphore trägt eine Darstellung vom Kampf der Giganten (**Gigantomachie**).

Die alten Griechen kannten keine »Ferien«. Zwei Monate des Jahres waren aber den zahlreichen Festen zu Ehren der Götter gewidmet …

Die Feiern zu Ehren von Athene, der Schutzgöttin der Stadt Athen, waren von besonderer Bedeutung. Das Jahr begann im August, dem Monat der »Hekatombe« (»Opfer von hundert Rindern«). Die zu diesem Zeitpunkt gefeierten Panathenäen waren das Hauptfest der Athene. Alle vier Jahre fanden die besonders prunkvollen Großen Panathenäen statt. Neun Monate zuvor wurden die Ergastinen – Mädchen und junge Frauen der guten athenischen Gesellschaft – bestimmt. Sie webten das heilige Gewand, welches die Stadt ihrer Göttin darbrachte. Das Dekor auf dem safrangelben Stoff zeigte den sagenhaften Kampf der Giganten gegen die Götter, die »Gigantomachie«.

FESTZUG DER PANATHENÄEN
Das Fries (oben) stammt vom **Parthenon**. Links erkennt man **Zeus**, den majestätischen Göttervater, im liebevollen Gespräch mit seiner Gattin **Hera**, die sich ihm zuwendet und dabei kokett ihren Schleier hebt. Rechts von ihnen nimmt ein von zwei Helferinnen und einer Priesterin begleiteter Priester feierlich das neue heilige Gewand der **Athene** entgegen. Athene selbst sitzt ganz in der Nähe, scheint aber durch die Worte ihres Nachbarn **Hephaistos** abgelenkt. Neben ihnen sind **Poseidon** und **Apollon** in Gespräche vertieft, während **Artemis** zerstreut der (leider stark beschädigten) **Aphrodite** lauscht. Rechts empfangen **Halbgötter** – auch sie kaum noch zu erkennen – die Prozession der von Ordnern begleiteten **Ergastinen**.

Oben: Eine Kuh wird Athene geopfert.

ATHENE PARTHENOS
Durch die halbgeöffneten Bronzetüren des **Parthenons** erblickte das Volk von Athen die **chryselephantine** (aus Gold und Elfenbein gefertigte) Statue, ein Werk des **Phidias**.

Der Festzug der Großen Panathenäen sammelte sich am Kerameikos-Friedhof und zog dann zur Agora. Dort wartete einer der höchsten Beamten Athens, der Archon, der das von den Ergastinen gewebte Gewand prüfte. Dann bewegte sich der Zug zur Akropolis. Dort stand im Freien der Altar, vor dem das Opfer stattfand.

Das Gewand wurde nicht der Athene Parthenos dargebracht, sondern einer alten, nur sehr grob aus Olivenholz gearbeiteten Statue, dem »Xoanon«.

Der Parthenon war keine Kultstätte, sondern ein zu Ehren der Göttin errichtetes öffentliches Gebäude. Ein Fries mit Reliefs hoch oben im Schatten der Säulenreihe stellte die Prozession der Großen Panathenäen und die Opferung des Gewands in Gegenwart der zwölf Hauptgötter des Olymps dar.

DIE METOPEN DES PARTHENONS
Bei der Umwandlung des Tempels in eine Kirche (5. Jh. n. Chr.) zerschlugen die Christen die Metopenfiguren. Von den Metopen der nördlichen Wand, welche die Zerstörung **Trojas** darstellten, ist nur die zweiunddreißigste erhalten: Die Christen glaubten, darin eine Verkündigung Mariens zu erkennen.

DIE SPRENGUNG DES PARTHENONS
Im Jahr 1687 verwendeten die **Türken** den Parthenon als Pulverlager. Eine Kanonenkugel der **venezianischen** Belagerer traf das Bauwerk. Es gab eine Explosion, die den Tempel fast völlig zerstörte.

DER PARTHENON HEUTE
Der Parthenon wurde Stück für Stück seit dem 19. Jahrhundert wiederaufgebaut. Die stark verschmutzte Luft der Hauptstadt, die den Stein langsam zerstört, ist heute der größte Feind des Tempels.

DIE ERNÄHRUNG

Homer nannte die Griechen »Mehlesser«. Die Bäcker Athens buken den »**Artos**«, einen Weizenfladen, der Hauptbestandteil der Mahlzeiten war.

Zum Frühstück tauchten die Griechen den Artos in etwas Wein; dazu gab es ein paar Datteln oder Feigen.

FLEISCH

Beim gewöhnlichen Volk gab es Fleisch nur an Festtagen. Begüterte Griechen genossen des Abends Rinderbraten mit Bohnenbällchen oder gekochten Erbsen. Der Koch **Epaenit** bereitete Fleisch mit einer Füllung aus Honig, gehackten und mit Essig gewürzten Innereien oder aus Zwiebeln zu. Perlhühner und Siebenschläfer wurden in einer Soße aus Honig und Essig gebraten.

FISCH

Für schmale Geldbörsen war Fleisch zu teuer! Deshalb kam häufig Fisch auf den Tisch: Steinbutte, Seebarben oder Goldbrassen kamen frisch aus Piräus. Thunfisch aßen die Griechen eingesalzen oder in Öl mariniert. **Archestrat**, der berühmte griechische Koch und Freund des Sohnes von Perikles, empfahl, Thunfisch in Feigenblätter gewickelt unter heißer Asche zu garen.

Das Alltagsleben

Die Griechen standen früh auf. Nach einem bescheidenen Frühstück gingen die Männer an ihre Arbeit. Die Frauen blieben in ihren Gemächern, dem »Gynaekon«. Eine Athenerin aus guter Familie zeigte sich nicht auf der Straße. Nur Frauen aus dem Volk oder Sklaven gingen zum Markt. Kleinere Kinder blieben bei ihrer Mutter; Knaben wurden mit sieben Jahren einem Erzieher (»Paidagogos«) anvertraut. Dieser führte sie jeden Tag zu einem Lehrer, dem Grammatiker; dort lernten sie Lesen, Schreiben, Rechnen und Verse von Homer zu rezitieren. Für die gute Entwicklung des Körpers sorgten sportliche Übungen.

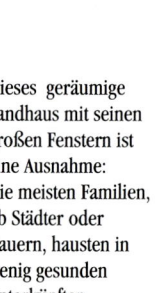

Dieses geräumige Landhaus mit seinen großen Fenstern ist eine Ausnahme: Die meisten Familien, ob Städter oder Bauern, hausten in wenig gesunden Unterkünften.

DAS SYMPOSION

Bevorzugte Zerstreuung der Männer waren die Trinkgelage, die bei Anbruch der Nacht begannen. Dabei stärkte man sich erst mit einer Mahlzeit. Dann kam das Symposion: Ein **Mund-schenk** trug schweren, gewürzten und mit Wasser gemischten Wein auf. Musikerinnen, die **Hetären**, waren die einzigen beim Gelage zugelassenen Frauen.

In der Stadt wie auf dem Lande war das Leben nur für begüterte Leute angenehm. Von den einfachen Häusern aus Strohlehm ist nichts übriggeblieben. Ausgrabungen in der Stadt Olynth (heute Myreophyton) haben aber Aufschluß über die Häuser der Reichen aus dem 4. Jahrhundert v. Chr. gegeben. Die Zimmer gruppierten sich um einen quadratischen Hof. Der Raum für die Gelage der Männer lag nach Norden: dort war es kühler! Der »Oikos« war das Eßzimmer der Familie. Eine Treppe führte zur Wohnung der Männer und zum Gynaekon, den Gemächern der Frauen. Die Sklaven lebten in einfachen Unterkünften.

Die Straßen Athens waren eng und gewunden. Dabei waren die Häuser so klein, daß sich die Eingangstüren zur Straße hin öffneten. Beim Verlassen des Hauses mußte man also klopfen, um keinen Passanten mit der Tür zu stoßen! Andere Städte – vor allem zahlreiche griechische Kolonien in Kleinasien – waren nach einem Schachbrettmuster angelegt; die Straßen kreuzten sich im rechten Winkel. Hippodamus von Milet soll während der Herrschaft des Perikles auch den Hafen von Piräus so geplant haben. Wenn die Bewohner die Miete nicht rechtzeitig zahlten, so hatte der Hausbesitzer das Recht, das Dach oder die Tür des Hauses zu entfernen …
Einbrecher hatten leichtes Spiel: Ein einfaches Loch in der Lehmmauer, und der Dieb konnte mit seiner Beute entfliehen!

DIE VILLA KERYLOS

Der Wissenschaftler **Theodore Reinach**, ein großer Musikfreund und Bewunderer des antiken Griechenlands, erfüllte sich einen Traum: Im südfranzösischen **Beaulieu-sur-Mer** ließ er nach antiken Vorbildern die »Villa Kerylos« bauen. Wenn er Gäste empfing, legte er die **Chlamys** der alten Griechen an. Altgriechisch war auch die Zubereitung der Speisen. Das nach antiken Vorbildern gestaltete Badezimmer war jedoch mit modernem Komfort ausgestattet: Warmes Wasser wurde von einem ölbeheizten Kessel geliefert, den Reinach mit einem bronzenen Gitter hatte umkleiden lassen. In den Regalen der Bibliothek häuften sich neben Büchern auch zahlreiche archäologische Funde. An der Wand stand geschrieben: »Hier, in Gesellschaft der griechischen Redner, Wissenschaftler und Dichter, schaffe ich mir eine Zuflucht von unsterblicher Schönheit.«

Die Frauen trugen eine am unteren Rand gefältelte Tunika aus weißem Leinen, den **Chiton**. Darüber kam ein leichter Wollumhang, der auch einen Teil des Kopfes verhüllte.

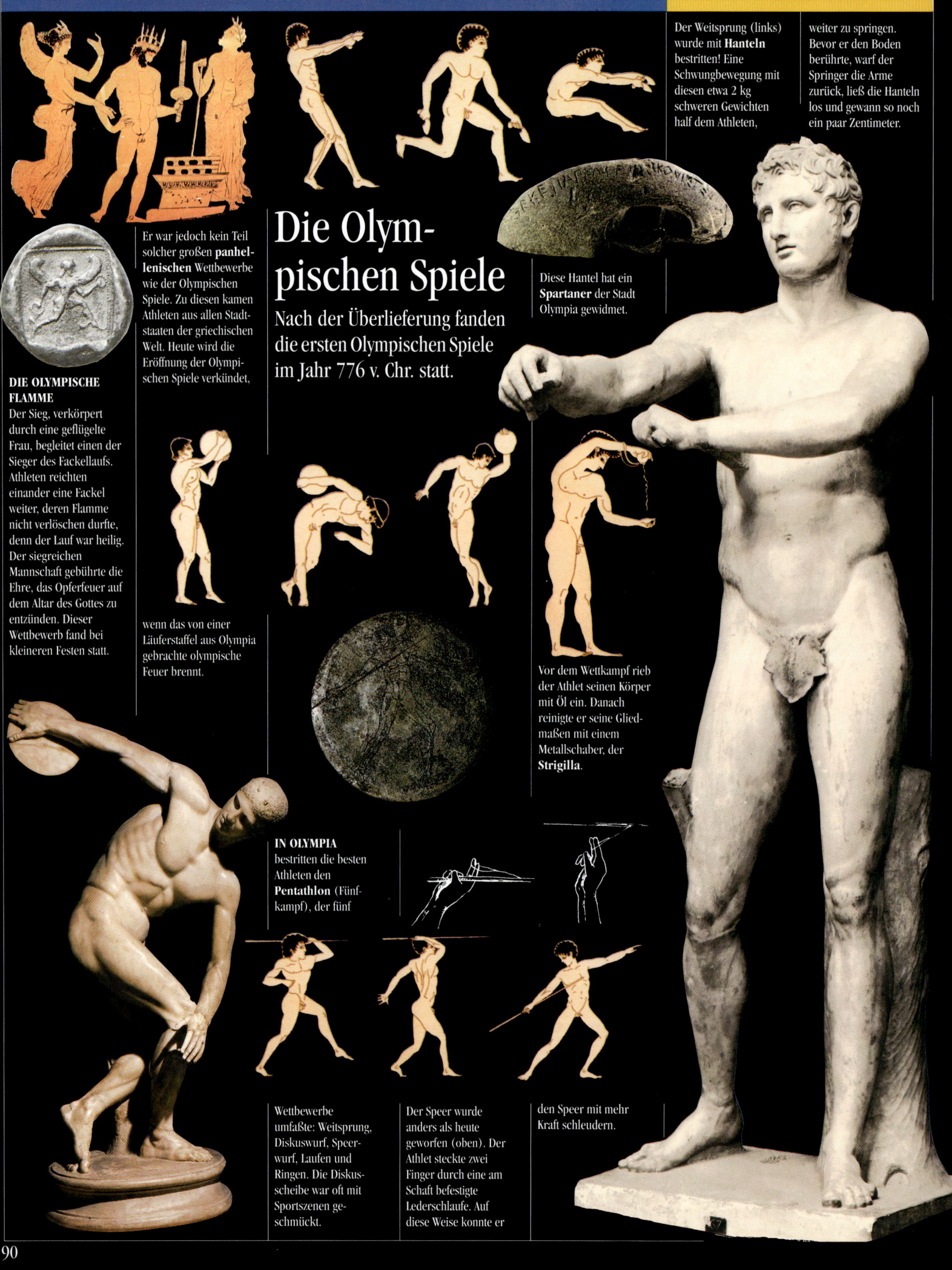

Der Weitsprung (links) wurde mit **Hanteln** bestritten! Eine Schwungbewegung mit diesen etwa 2 kg schweren Gewichten half dem Athleten, weiter zu springen. Bevor er den Boden berührte, warf der Springer die Arme zurück, ließ die Hanteln los und gewann so noch ein paar Zentimeter.

Er war jedoch kein Teil solcher großen **panhellenischen** Wettbewerbe wie der Olympischen Spiele. Zu diesen kamen Athleten aus allen Stadtstaaten der griechischen Welt. Heute wird die Eröffnung der Olympischen Spiele verkündet,

Die Olympischen Spiele

Nach der Überlieferung fanden die ersten Olympischen Spiele im Jahr 776 v. Chr. statt.

Diese Hantel hat ein **Spartaner** der Stadt Olympia gewidmet.

DIE OLYMPISCHE FLAMME
Der Sieg, verkörpert durch eine geflügelte Frau, begleitet einen der Sieger des Fackellaufs. Athleten reichten einander eine Fackel weiter, deren Flamme nicht verlöschen durfte, denn der Lauf war heilig. Der siegreichen Mannschaft gebührte die Ehre, das Opferfeuer auf dem Altar des Gottes zu entzünden. Dieser Wettbewerb fand bei kleineren Festen statt.

wenn das von einer Läuferstaffel aus Olympia gebrachte olympische Feuer brennt.

Vor dem Wettkampf rieb der Athlet seinen Körper mit Öl ein. Danach reinigte er seine Gliedmaßen mit einem Metallschaber, der **Strigilla**.

IN OLYMPIA
bestritten die besten Athleten den **Pentathlon** (Fünfkampf), der fünf

Wettbewerbe umfaßte: Weitsprung, Diskuswurf, Speerwurf, Laufen und Ringen. Die Diskusscheibe war oft mit Sportszenen geschmückt.

Der Speer wurde anders als heute geworfen (oben). Der Athlet steckte zwei Finger durch eine am Schaft befestigte Lederschlaufe. Auf diese Weise konnte er den Speer mit mehr Kraft schleudern.

Oben: Mit einem Pickel wird die Weitsprunggrube hergerichtet.

BEISSEN VERBOTEN!
Die Athleten maßen sich auch im **Ringkampf** (oben rechts). Sieger war, wer seinen Gegner dreimal zu Boden warf. Der gewalttätigste Sport war jedoch das

Pankration, eine Mischung aus **Ringen** und **Faustkampf**. Alle Schläge waren erlaubt! Verboten war nur, den Gegner zu beißen oder ihm die Finger in die Augen zu bohren. Manchmal mußte der Schiedsrichter mit Stockschlägen eingreifen.

D er Sage nach hat der Held Herakles die Rennbahn zum Dank für seinen Vater Zeus geschaffen. Jeder Grieche konnte, wenn er das Bürgerrecht besaß, an den Olympischen Spielen teilnehmen. Sklaven und Ausländer waren nur als Zuschauer zugelassen.

Baron **Pierre de Coubertin**

DIE WIEDERGE-BURT DER OLYMPI-SCHEN SPIELE
Pierre de Coubertin war vom sportlichen Ideal der Antike begeistert. Es gelang ihm, die olympische Idee neu zu beleben. Die antiken Spiele waren nach mehr als tausendjährigem Bestehen im Jahr 394 n. Chr. durch einen Erlaß des Kaisers **Theodosius** verboten worden. Die ersten Olympischen Spiele der Neuzeit wurden im Jahr 1896 in Athen eröffnet. Dreizehn Länder nahmen an den Wettkämpfen teil. Die nächsten Spiele gab es im Jahr 1900 in Paris (unten). Die Olympischen Spiele der Neuzeit finden alle vier Jahre statt – wie ihr antikes Vorbild.

Nach dem Wettkampf schlang der Schiedsrichter ein rotes Wollband um die Stirn des Siegers und überreichte ihm einen Ölbaumzweig. Am letzten Tag der Spiele versammelten sich die Sieger vor dem Zeus-Tempel. Dort erhielten sie einen Kranz aus Ölbaumzweigen.

Den Reitsport betrieben die Griechen ohne Sattel. Reitwettbewerbe und Wagenrennen fanden im **Hippodrom** statt.

Diese Bronze-statue stellt einen verletzten **Faustkämpfer** dar.

KINDERSPIELE
Im 6. Jahrhundert v. Chr. nahmen auch Kinder an den Olympischen Spielen teil. Sie konnten drei Wettkämpfe bestreiten: Ringen, Boxen und Lauf über eine Bahnlänge. Nur die Erwachsenen maßen sich im Lauf mit Waffen (oben).

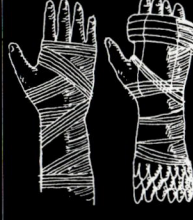

Der **Faustkämpfer** schützte seine Hände mit Lederbändern.

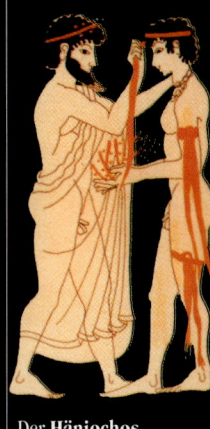

Der **Häniochos** (Wagenlenker) begnügte sich hingegen mit einem einfachen Stirnband. Siegerkranz, Ruhm und Ehre gebührten dem Besitzer des Gespanns. Der makedonische König Philipp II. ließ zum Gedenken an seinen Olympiasieg im Jahr 356 v. Chr. Münzen prägen. In diesem Jahr wurde auch sein Sohn Alexander geboren.

1055

Die Bronze-bearbeitung

Im Lauf des 6. Jahrhunderts v. Chr. erlernten die Bildhauer den Umgang mit Stein. Sie waren nun in der Lage, den menschlichen Körper naturgetreu in Marmor nachzubilden. Am Ende des Jahrhunderts stimmten die Proportionen, und die Muskeln waren richtig geformt. Jetzt versuchte man, die Bewegung darzustellen. Aber Marmor ist spröde: Es bestand die Gefahr, daß vom Körper abstehende Gliedmaßen abbrachen. Die Bildhauer versuchten es deshalb mit Metall, das eine freiere Gestaltung der Haltung der Figuren erlaubte. Zur Herstellung einer Bronzestatue waren viele Arbeitsgänge erforderlich – vom wachsüberzogenen Tonmodell des Bildhauers bis zum Guß durch den Bronzegießer.

Nach dem Guß wurde die Oberfläche geglättet und poliert. Mit einem Stichel wurden Bart, Haupthaar und Gewandfalten nachgearbeitet. Die Lippen aus rötlichem Kupfer, Verzierungen und manchmal auch silberne Zähne und Augen aus Stein oder Glasfluß sorgten für Farbe. Patina, wie sie heute antike Bronzen überzieht, schätzte man damals nicht. Als sie geschaffen wurden, waren die Figuren keineswegs grün, braun oder gar schwärzlich, sondern hatten einen warmen, goldenen Ton.

BRONZEGUSS

Auf dieser Schale hat der »Gießereimaler« um 490 v. Chr. die Arbeitsschritte der Herstellung von Bronzestatuen festgehalten. Im Ofen wird die Bronze, eine Legierung aus **Kupfer** und **Zinn**, erschmolzen. Ein sitzender Arbeiter schürt mit einem langstieligen Haken das Feuer. Hinter dem Ofen betätigt ein junger Mann den Blasebalg, um die Hitze zu erhöhen. Eine Abdeckung auf dem Rauchfang ermöglicht die Regulierung des Durchzugs. Bemalte, an Hörnern aufgehängte Täfelchen und Köpfe an der Wand (rechts) sind **Weihegaben**, die

Unglück abwehren und einen guten Ablauf der Arbeit sichern sollen. An der Wand hängen auch einige Werkzeuge: Eine Säge und mehrere Hämmer. Daneben richtet ein Handwerker die rechte Hand einer auf einem Lehmbett ruhenden Bronzestatue. Der Kopf der Statue liegt noch am Boden. Ganz rechts glätten zwei Arbeiter mit Feilen die eingerüstete Monumentalstatue eines behelmten Kriegers. Zwei größer dargestellte Personen überwachen diese Arbeit. Es handelt sich vielleicht um den Bildhauer, der die Figur gestaltet hat, und um den Bronzegießer.

DIE WERKSTATT DER ATHENE

Die Kriegsgöttin Athene war auch Schutzherrin von Städten wie Athen; außerdem wurde sie als Göttin der Weisheit und des Handwerks verehrt. Auf der Vase unten ist Athene in einer Werkstatt dargestellt, die durch an der Wand hängende Werkzeuge symbolisiert ist. Sie legt letzte Hand an ein von ihr modelliertes Pferd. Den Lehmklumpen in ihrer Linken hat sie dem Vorrat zu ihren Füßen entnommen. Das Tonmodell war die unerläßliche Vorarbeit für eine Bronzestatue.

Meist wurden die Handwerker selbst in ihren Werkstätten dargestellt. Oben: Ein **Schmied** und sein Helfer bearbeiten ein Stück Metall. Zahlreiche Gebrauchsgegenstände dienen als Dekoration.

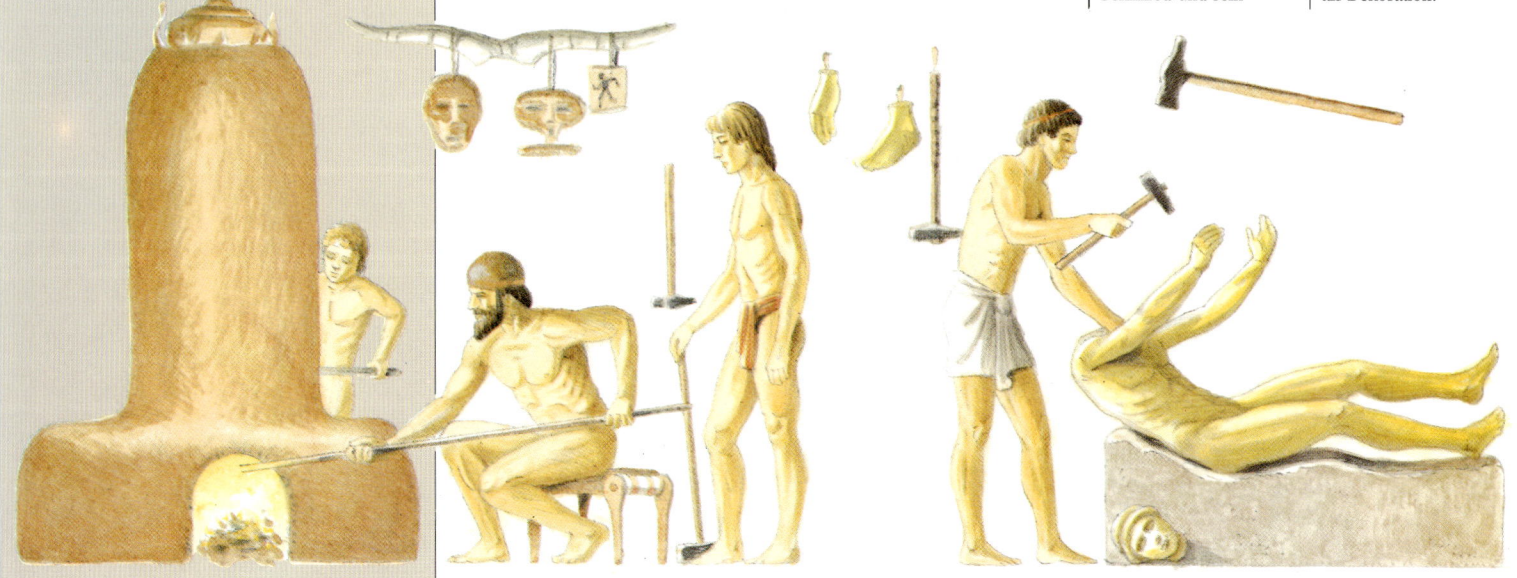

Dieser **Bronzekrieger** wurde mit einem weiteren im Jahr 1972 bei **Riace** (Italien) im Meer gefunden. Er ist 2,05 m hoch und wird auf 460 v. Chr. datiert.

Von den großen Bronzestatuen, die zu Tausenden Heiligtümer und öffentliche Plätze der griechischen Städte schmückten, sind heute nur noch einige Dutzend erhalten. Aus dem 5. Jahrhundert v. Chr. kennen wir nur noch fünf Originalwerke, die zufällig der Zerstörung entgingen. Darunter befindet sich der »Wagenlenker von Delphi«. Er gehörte zu einer im 4. Jahrhundert v. Chr. durch einen Erdrutsch verschütteten Gruppe von Skulpturen. Die »Krieger von Riace« befanden sich im Laderaum eines römischen Schiffs, das vor der italienischen Küste unterging.

Umstände solcher Art erhielten diese Meisterwerke bis zum heutigen Tag. Die anderen großen Bronzen erlitten ein weniger erfreuliches Schicksal. Seit dem Ende der Antike und während des ganzen Hochmittelalters schmolz man sie ein und fertigte aus dem Metall Geschirr und Waffen. Nur römische Marmorkopien geben uns noch eine Vorstellung von diesen Kunstwerken.

Häufig brachten Pilger Bronzestatuetten in Heiligtümern dar. Diese kleine Figur mit dem Widder auf dem Rücken wurde in **Kreta** gefunden.

DER WAGENLENKER VON DELPHI wurde im Jahr 1896 entdeckt. Er steuerte ein Gespann, von dem man noch Bruchstücke fand. Er ist 1,81 m groß und wird auf 478–474 v. Chr. datiert.

Der Wagenlenker trägt die traditionelle Kleidung seines Standes, ein langes, gegürtetes Gewand. Die Ärmel sind mit Bändern gerafft, damit sie seine Bewegungen nicht behindern.

SOKRATES (470–399 v. Chr.) wurde wegen angeblicher Gottlosigkeit verurteilt, Schierling, ein tödliches Gift, zu trinken.

PLATON (427–347 v. Chr.) suchte die Wahrheit hinter dem Schein.

ARISTOTELES (384–322 v. Chr.) untersuchte als erster die Gesetze des Denkens.

EPIKUR (341–271 v. Chr.) lehrte, das Leben zu genießen, ohne die Götter zu fürchten.

ZENON (354–262 v. Chr.) gründete die Stoische Philosophenschule (**Stoa**).

Wissenschaften und Philosophie

»Philosoph« bedeutet »Freund der Weisheit«. Die griechische Philosophie nahm im 6. Jahrhundert v. Chr. mit Thales von Milet ihren Anfang und erlebte ihren Höhepunkt im 4. Jahrhundert v. Chr. Von Anfang an war sie Ausdruck einer Kultur, in der die Idee der »Polis« – der politischen und sozialen Gemeinschaft der Bürger – eine wichtige Rolle spielte. In Athen begleiteten die Lehren der Philosophen den Aufbau der Demokratie. Für Empedokles waren zwei Urkräfte – Liebe und Haß – in allen Vorgängen wirksam. Protagoras von Abdera, der im Menschen das Maß aller Dinge sah, war mit Perikles und Sokrates der Meinung, daß jeder gute Bürger die Verpflichtung habe, ein guter Mensch zu sein. Platon, der Schüler des Sokrates, verglich den Menschen mit einem Gemeinwesen, in dem es Konflikte zwischen widerstreitenden Kräften gibt. Die folgenden Jahrhunderte sahen die Krise der Polis. Nun stand vor allem das Individuum im Mittelpunkt des Denkens der Schüler von Epikur und Zenon.

DER »VATER DER GESCHICHTS-SCHREIBUNG«
Der griechische Geschichtsschreiber **Herodot** lebte und reiste im 5. Jahrhundert v. Chr. Seine neun Bücher zur Geschichte sind ein kostbares Zeugnis der Perserkriege (490–479 v. Chr.) zwischen Persern und Griechen. Sein Nachfolger **Thukydides** beschrieb sehr genau in acht Büchern den Konflikt zwischen den Städten im **Peloponnesischen Krieg**.

APOLLON UND DIE SIEBEN WEISEN
Die »Stafette der Weisheit«, die auf sieben geheimnisvolle Personen zurückgeht, ist eine eigenartige griechische Überlieferung. Der älteste der Sieben Weisen hatte mit einem Netz einen goldenen Becher aus dem Meer geholt, der dann von einem zum nächsten ging. Der Weiseste gab dieses Geschenk der Götter Apollon, dem Gott von Delphi, zurück.

Die **Sieben Weisen** des Altertums, **Thales** von Milet, **Bias** von Priene, **Solon** von Athen, **Chilon** von Sparta, **Periander** von Korinth, **Pittakos** von Mytilene und **Kleobulos** von Lindos sind möglicherweise auf diesem einem griechischen Gemälde nachempfundenen Mosaik dargestellt, das ein

römisches Haus in Boscoreale (Italien) schmückte. Sie bilden einen Halbkreis – eine gebräuchliche Darstellungsweise in der spätgriechischen Kunst, die ausdrückt, daß die abgebildeten Personen einer vergangenen Epoche angehören.

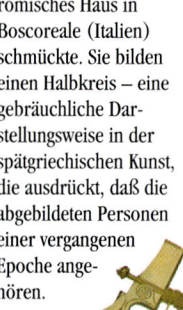

Krankheiten galten in der Antike als eine Strafe der Götter. Asklepios, Gott der Heilkunst, war der Sohn des Apollon und einer Sterblichen. Die Griechen errichteten ihm in Epidauros einen Tempel, zu dem die Kranken strömten. Neben Asklepios wurde dort auch seine Gemahlin Hygieia, die Göttin der Gesundheit, verehrt, auf die das Wort »Hygiene« zurückgeht. Dann trat die Philosophie gegenüber der Religion in den Vordergrund: Die Menschen vertrauten die Sorge um ihre Gesundheit nun in erster Linie den Denkern an. Parmenides und Demokrit betonten den Wert der »Erfahrung«. Allerdings zogen sie daraus keine Folgerungen für die praktische Medizin.

Hippokrates – ein Zeitgenosse des Perikles – gründete auf der Insel Kos die erste Ärzteschule. Gesundheit und Krankheit wurden nun als natürliche Erscheinungen aufgefaßt. Die Untersuchung beschränkte sich aber noch darauf, daß der Arzt den Patienten abtastete und sich erkundigte, wie er lebte.

»DIE APOTHEOSE DES HOMER«
Der französische Maler **Ingres** war ein glühender Bewunderer der griechischen und römischen Antike. Er malte einen majestätisch thronenden Homer, der zum Gott erhoben worden ist (**Apotheose**). Menschen aus seiner Zeit und Zeitgenossen von Ingres bewundern den Dichter gleichermaßen; der Maler stellte so eine Verbindung zwischen dem 19. Jahrhundert und der Antike her.

HIPPOKRATES VON KOS (460–375 v. Chr.) legte die Regeln der ärztlichen Kunst fest. Noch heute muß jeder Arzt den »Hippokratischen Eid« leisten. Unten sind einige Instrumente zu sehen.

Den **Aderlaß** gab es schon bei den alten Griechen (unten).

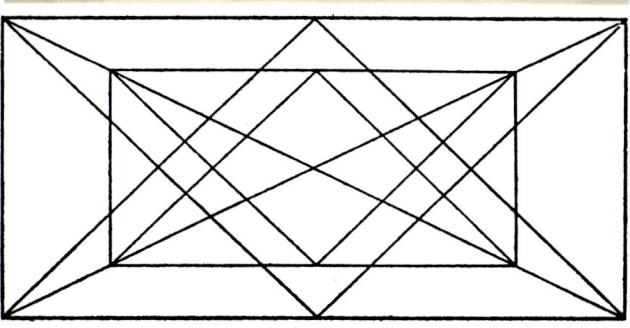

DER GOLDENE SCHNITT
Großartiges leisteten die Griechen in der **Geometrie** (der Begriff bedeutet »Erdmessung«). Der Philosoph und Mathematiker **Pythagoras** lebte im 6. Jahrhundert v. Chr. Er schuf Multiplikationstafeln und beschäftigte sich mit dem Dezimalsystem. Sein Name ist mit dem berühmten **pythagoreischen Lehrsatz** verknüpft, der allerdings in **Babylon** schon tausend Jahre vorher bekannt war. Dreihundert Jahre später schuf **Euklid** die Grundlagen der **Algebra** und der **Geometrie**. Überlegungen der Griechen über Eigenschaften geometrischer Formen führten zur Entdeckung des Goldenen Schnitts. Ein Verhältnis Höhe zu Breite von 1 zu 1,6 ist seither der Schlüssel für besonders ausgewogene Größenverhältnisse. Der **Parthenon** (oben) verdankt dem Goldenen Schnitt seine Harmonie. Spätere Werke von **Leonardo da Vinci** (»Die Proportionen des menschlichen Körpers«, rechts oben) oder **Théodore Géricault** (»Herakles, den kretischen Stier bezwingend«, rechts), unterliegen ebenfalls dem Gesetz des »Goldenen Schnitts«.

Eratosthenes wurde auch der **Fünfkämpfer** genannt, weil er sich nach Art eines Athleten, der alle Wettkampfarten beherrscht, in sämtlichen Disziplinen der Geisteswissenschaften auszeichnete. Als erster berechnete er im 3. Jahrhundert v. Chr. den Erdumfang und die Entfernung zwischen Erde und Mond. Aufgrund der Beobachtung, daß Schiffe am Horizont verschwanden, glaubte man damals bereits, daß die Erde rund sei. Eine Mondfinsternis bestätigte Eratosthenes diese Annahme. Zur selben Zeit lebte

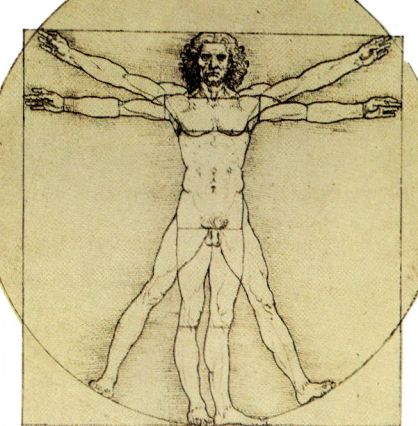

Archimedes, der größte Mathematiker und Physiker des Altertums, im von den Römern belagerten **Syrakus**. Beim Fall der Stadt im Jahre 212 v. Chr. kam er ums Leben.

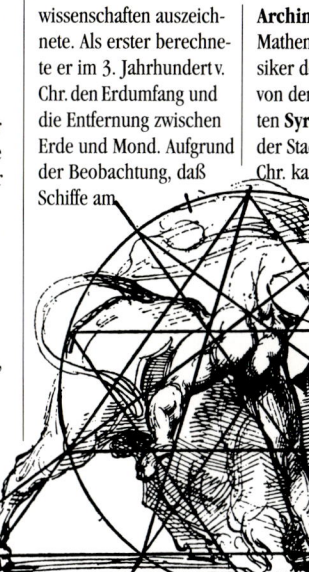

AIGAI – DIE NEKROPOLE DER KÖNIGE

Als Geschichtswissenschaftler den Beweis lieferten, daß **Vergina** in Wirklichkeit **Aigai** – die frühere Hauptstadt Makedoniens – war, nahm **Andronikos** an, daß dort Königsgräber zu finden seien. Der Überlieferung nach hatten sich die makedonischen Könige in Aigai bestatten lassen. Mehrmals versuchte er, das Geheimnis eines riesigen Grabhügels (**Tumulus**) von fast 110 m Durchmesser am Rande der Totenstadt zu lüften. Doch die Suche brachte nur einige hundert Bruchstücke von bemalten **Grabstelen** ans Licht (ganz unten). Schließlich wurden seine Mühen durch die Entdeckung von zwei Gräbern belohnt. Marmortor und Gewölbe des zweiten Grabes waren unversehrt.

Die Ausgrabungen in Vergina begannen im Jahr 1937. Vierzig Jahre sollte es dauern, bis Andronikos das Grab **Philipps II.** fand.

Die darin entdeckte »**Sturmlampe**« (links) ist ein einzigartiges Werk. Der **Köcher** (unten) enthielt noch Pfeile.

INSIGNIEN DER MACHT

Ein hier nicht gezeigter Prunkschild war mit Gold und Elfenbein verziert. Der Umfang des königlichen **Diadems** aus vergoldetem Silber (links oben) ist verstellbar. Eine **Krone** (links) aus goldenen Eichenblättern und -früchten wurde in einer goldenen Truhe mit den Gebeinen des eingeäscherten Königs gefunden. Sie wiegt 400 Gramm!

EINE ALTE KRIEGSVERLETZUNG

Eine Schädelverletzung über dem rechten Auge bestätigte, daß es sich bei dem Toten um Philipp II. handelt: Man weiß, daß er in einer Schlacht ein Auge verloren hatte ...

Was Andronikos fand, übertraf all seine Hoffnungen. Die Grabausstattung war eines Königs würdig!

EINE REICHE UNBEKANNTE
Im Vorraum befand sich ein zweites, ebenso reich ausgestattetes Grab. Die Tote, eine junge Frau, konnte nicht identifiziert werden. Vielleicht war es Kleopatra, die Frau Philipps? Ihre Gebeine waren in ein Tuch mit Purpurdekor auf Goldgrund gehüllt.

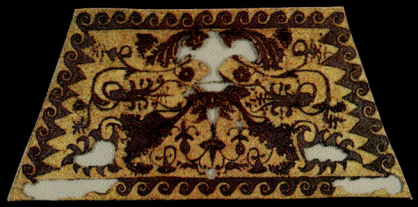

Die Gräber von Vergina

Im Jahr 1977 entdeckte der griechische Archäologe Manolis Andronikos in Vergina (Nordgriechenland) die Grabstätte Philipps II., des Vaters von Alexander dem Großen. Er war im Jahr 336 v. Chr. ermordet worden. Dieses Grab, das von Plünderungen verschont geblieben war, barg außergewöhnliche Schätze.

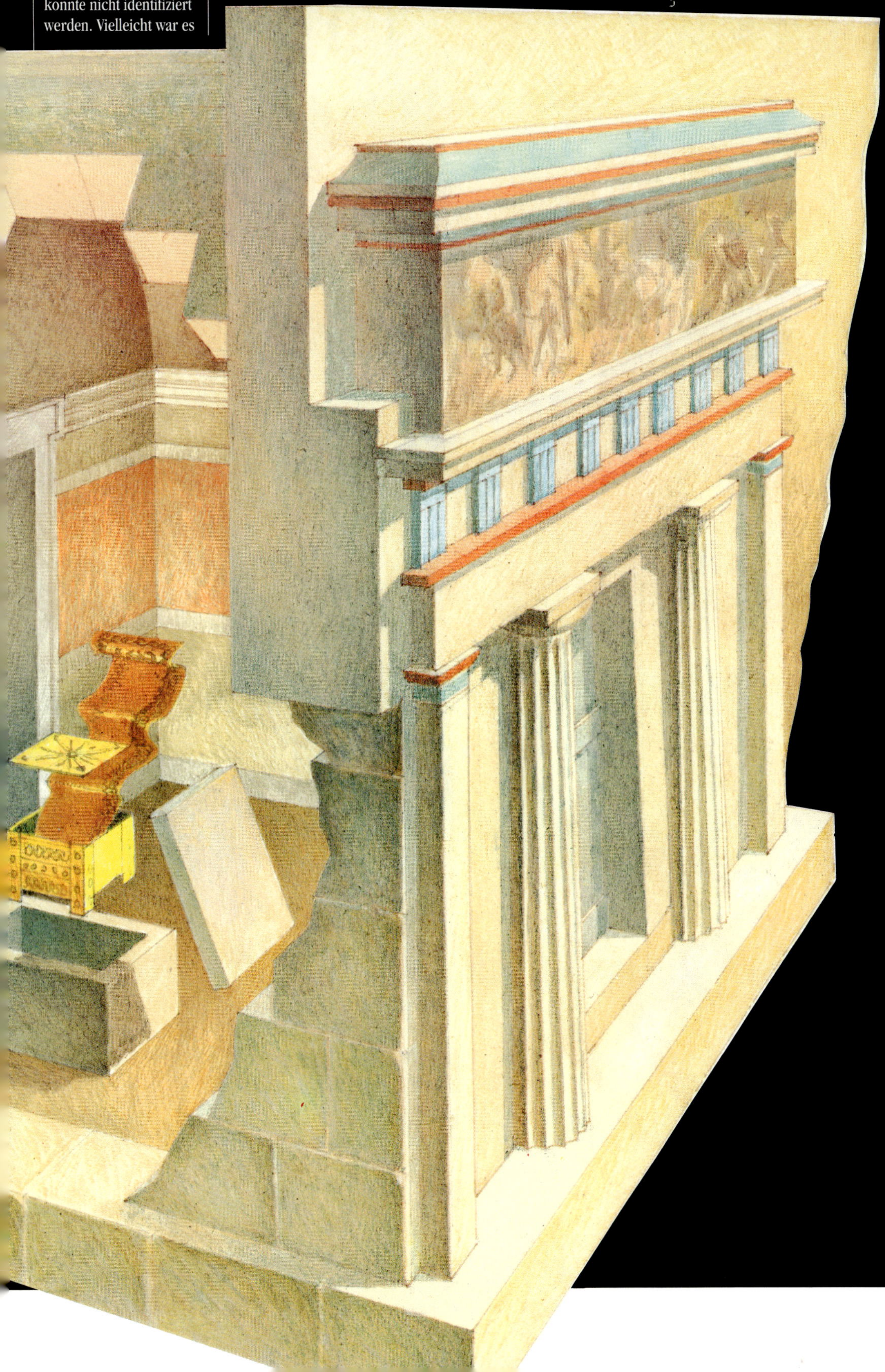

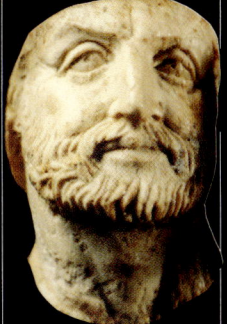

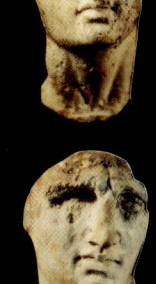

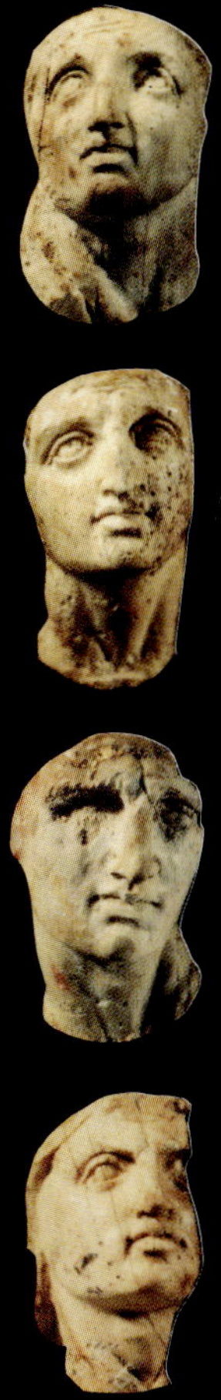

Vor dem **Sarkophag** Philipps entdeckte Andronikos die Überreste eines Prunkbetts. Vergängliche Bestandteile, wie etwa Holz, waren nicht mehr erhalten.

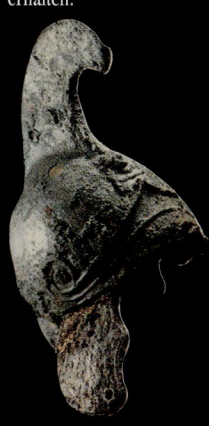

Nur die Verzierungen wie die Elfenbeinporträts der Mitglieder der königlichen Familie hatten die Zeit überdauert. Der bärtige Mann ist Philipp.

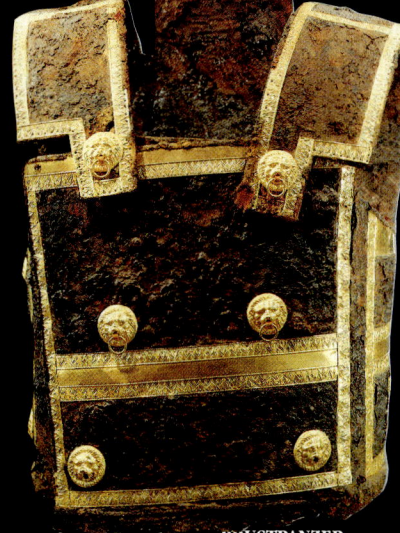

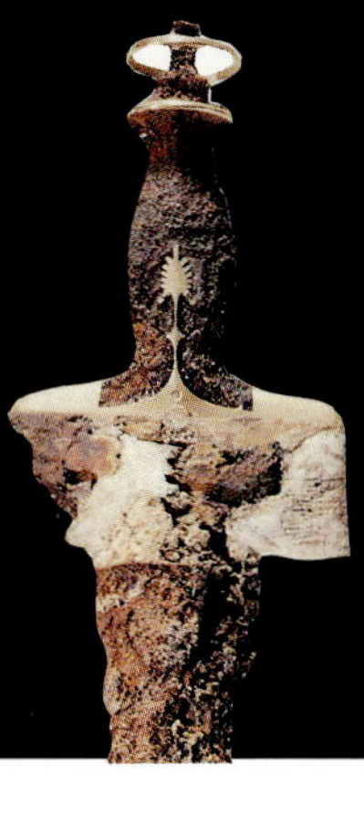

BRUSTPANZER UND HELM
sind seltene Stücke, denn sie bestehen aus Eisen, einem Material, das schwieriger zu bearbeiten ist als Bronze. Der Panzer ist aus acht Teilen zusammengesetzt, so daß er die Bewegungen des Trägers nicht behinderte. Angepaßt wurde die Rüstung mit Lederriemen, die durch an Löwenköpfen befestigte Ringe liefen.

DAS HEER ALEXANDERS
legte von **Ägypten** bis zum **Indus** etwa 25 000 km zurück. Frauen, Diener und Gefangene begleiteten die Krieger. Feindliche Länder wurden durch-

DER ALEXANDERZUG
Die Eroberung des Reichs des **Darius** trug den Makedoniern viele Reichtümer ein. Sie förderte aber auch ihre geistige und künstlerische Entwicklung.

quert, Schlachten gegen zahlenmäßig überlegene Truppen geschlagen. Dank des Genies Alexanders triumphierten seine Truppen trotz aller Schwierigkeiten.

BUKEPHALOS
Alexander, Sieger über den Pandschab-Herrscher **Poros** und seine furchterregenden Kriegselefanten, gründete in Indien zwei Städte: Die eine nannte er zur Erinnerung an eine siegreiche Schlacht **Nikäa**. Der Name der anderen, **Bukephala**, erinnerte an sein eben verendetes Pferd **Bukephalos**. Alexander war der einzige, der es reiten konnte.

DIE SCHLACHT VON ISSOS
»Trotz dieses glänzenden Sieges, der die Feinde mehr als 110 000 Mann kostete, gelang es Alexander nicht, Darius in seine Gewalt zu bringen. Dieser war geflohen und hatte vier oder fünf Stadien Vorsprung vor ihm. Nur mit einem Bogen bewaffnet, schloß er sich auf seinem Streitwagen wieder seinem Heer an. Er sah, wie die Makedonier das Lager der Barbaren plünderten, aus dem sie ungeheure Reichtümer fortschleppten …« (Plutarch, *Lebensbeschreibungen*).

Das Weltreich Alexanders

Alexander der Große war gegen Feinde, die sich nicht beugten, unerbittlich. Er wollte ein Reich schaffen, das die Völker der ganzen Welt umfassen sollte. Da sich aber seine Gefährten weigerten, ihm über den Fluß Hyphasis in Indien hinaus zu folgen, sah er sich zur Umkehr gezwungen. In Babylon starb er, nur dreiunddreißig Jahre alt, an einem Fieber. Die Diadochen – seine Feldherren – teilten das Weltreich unter sich auf. Ptolemaios erhielt Ägypten, Lysimachos Thrakien und Seleukos Babylonien. Griechenland und Makedonien fielen Antipater zu, Antigonos erhielt Lykien, Pamphylien und Phrygien. Sie alle wollten jedoch ihren Machtbereich ausdehnen. Rom, von den Griechen zu Hilfe gerufen, nutzte die Lage aus und annektierte ein Königreich nach dem anderen.

Das **Schah-Nameh** (Buch der Könige), das Werk eines persischen Dichters des 10. Jahrhunderts n. Chr., erzählt, wie **Iskander** (das ist Alexander) Darius tröstete, als dieser nach einem Mordanschlag seiner Vasallen im Sterben lag (oben). Alexander wurde zum Idealbild des persischen Ritters. Sogar im heutigen **Afghanistan** gab es von Alexander gegründete makedonische Siedlungen. Griechische Einflüsse mischten sich lange Zeit mit örtlichen Kunststilen. In einem Kunstwerk aus **Gandhara** trägt ein Helfer **Buddhas** die Züge des Herakles.

DAS HELLENISTISCHE GRIECHENLAND

Die Verbreitung der **hellenistischen** (griechischen) Kultur gab dem **Hellenismus** seinen Namen. Dies ist die Zeit zwischen dem Tod Alexanders 323 v. Chr. und der Eroberung des letzten hellenistischen Königreichs – des **ptolemäischen** Ägypten – am Ende des 1. Jahrhunderts v. Chr.

Nur Alexander hatte das Vorrecht, in Ägypten mit Widderhörnern abgebildet zu werden. Diese waren Attribute des **Zeus-Amun**.

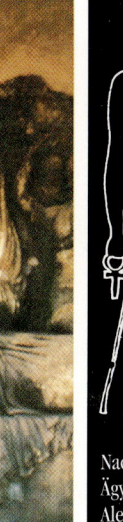

Nach der Eroberung Ägyptens wurde Alexander auf Reliefs als **Pharao** dargestellt.

KLEOPATRA, die letzte ägyptische Königin aus der Familie der **Ptolemäer**, und ihr Verbündeter **Marcus Antonius** verloren im Jahr 31 v. Chr. die Schlacht von **Aktium**. Ägypten wurde eine reiche römische Provinz.

DIE ALEXANDERSCHLACHT

Das antike Mosaik (links) stammt aus Pompeji. Es stellt den Sieg Alexanders über Darius dar. Die persischen Krieger trugen eine Hose, eine Tunika mit Ärmeln und eine weiche Mütze.

Der **Artemis-Tempel** in **Ephesos** war ganz aus Marmor und hatte 194 Säulen. **Krösus** hatte einen Teil des Dekors finanziert.

kommende Reisende machte. Die Terrassen ruhten auf Gewölben. Die Gärten wurden über Kanäle bewässert.

Wiewohl sie den Namen der **Semiramis** tragen, gehen die **Hängenden Gärten** von Babylon auf **Nebukadnezar** (6. Jahrhundert v. Chr.) zurück. Ihren Ruhm verdanken sie dem überwältigenden Eindruck, den das üppige Grün über den roten Ziegelterrassen auf aus der Wüste

Der **Leuchtturm von Alexandria**, der erste seiner Art, stand auf der Insel **Pharos**. Er wurde im 3. Jahrhundert v. Chr. erbaut und verfiel im 14. Jahrhundert.

Eine Unmenge von Reliefs und Statuen zierte das **Grabmal des Mausolos** in Halikarnassos. Er war im 4. Jahrhundert v. Chr. König von

Karien. Der Bau war so großartig, daß man noch heute für ein mächtiges Grabmal den Begriff »**Mausoleum**« verwendet.

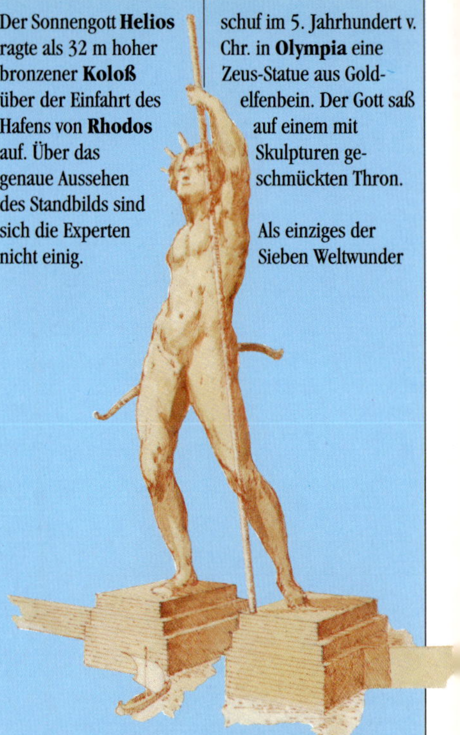

Der Sonnengott **Helios** ragte als 32 m hoher bronzener **Koloß** über der Einfahrt des Hafens von **Rhodos** auf. Über das genaue Aussehen des Standbilds sind sich die Experten nicht einig.

schuf im 5. Jahrhundert v. Chr. in **Olympia** eine Zeus-Statue aus Goldelfenbein. Der Gott saß auf einem mit Skulpturen geschmückten Thron.

Als einziges der Sieben Weltwunder

Die Sieben Weltwunder

Die Cheops-Pyramide, die Hängenden Gärten von Babylon, der Artemis-Tempel in Ephesos, die Zeus-Statue aus Gold und Elfenbein im Tempel von Olympia, das Grabmal des Mausolos in Halikarnassos, der Koloß von Rhodos und der Leuchtturm von Alexandria erregten als technische und künstlerische Meisterleistungen schon in frühester Zeit Staunen und Bewunderung. Im Lauf der Jahrhunderte entstand so die Liste der Sieben Weltwunder.

Höchstwahrscheinlich waren die Beine der Figur geschlossen und ihre Haltung gerade. Bei offener Beinstellung wäre eine Statue dieser Größe wohl zusammengebrochen.

Phidias, der Gestalter der Statue der Athene im Parthenon,

ist die **Cheops-Pyramide** noch heute erhalten. Mit 230 m Seitenlänge und 137 m Höhe beeindruckt das Bauwerk durch seine ungeheuren Ausmaße. Die schönen, schimmernden Kalksteinplatten, mit denen die Pyramide verkleidet war, sind heute nicht mehr erhalten.

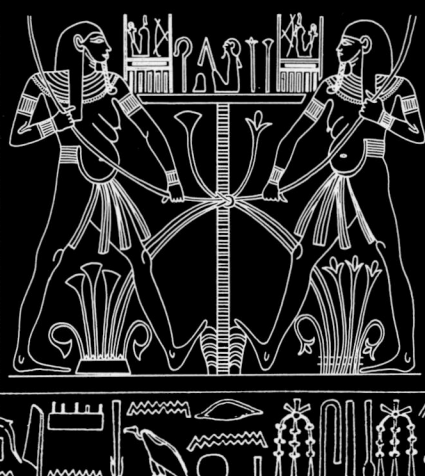

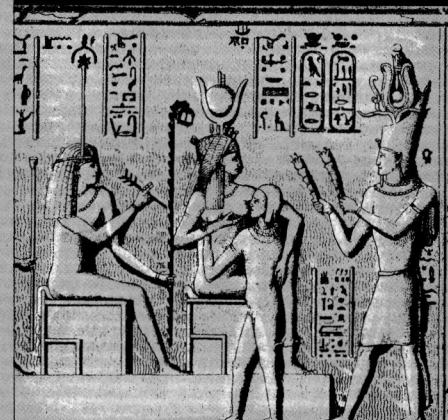

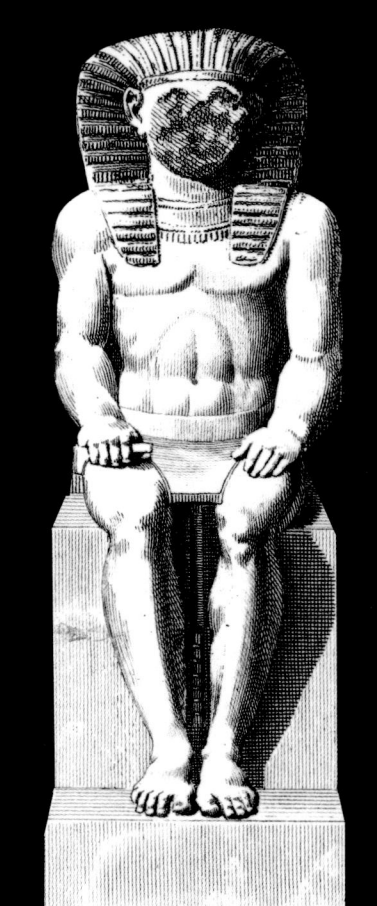

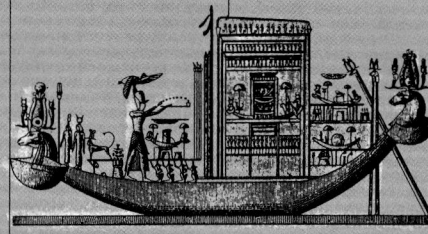